말라야 예쁘다면서요?

말라야 예쁘다면서요?

청소년 섭식장애의 모든 것

초판 1쇄 발행 | 2025년 6월 5일

글쓴이 | 김윤아
그린이 | 이다

펴낸이 | 조미현
책임편집 | 황정원
편집진행 | 박단비
디자인 | 씨오디 Color of Dream
마케팅 | 임혁
제작 | 이현

펴낸곳 | (주)현암사
등록일 | 1951년 12월 24일 · 제10-126호
주소 | 04029 서울시 마포구 동교로12안길 35
전화 | 02-365-5051 · 팩스 | 02-313-2729
전자우편 | child@hyeonamsa.com
홈페이지 | www.hyeonamsa.com
블로그 | blog.naver.com/hyeonamsa
인스타그램 | www.instagram.com/hyeonam_junior

ⓒ 김윤아, 이다 2025
ISBN 978-89-323-7654-7 43330

청소년 섭식장애의 모든 것

말라야 예쁘다면서요?

김윤아 글 · 이다 그림

현암
주니어

차례

1장

내가 ───────

섭식장애라고요?

그저 다이어트를 했을 뿐인데요

소민 이야기

소민

쌤, 저는 요즘 다이어트하느라 밥을 자주 굶는데요. TV에서 음식을 과도하게 참는 행위도 섭식장애 증상 중 하나라는 거예요. 진짜 그래요?

윤아쌤

얼마나 안 먹는데?

소민

한 끼도 안 먹을 때도 있긴 한데…. 아니, 그래도 섭식장애는 거식증 같은 거 아니에요? 저는 음식을 참는 거지, 밥이 먹기 싫은 게 아닌데요.

윤아쌤

살찌는 게 두렵기도 하고?

소민

그거야 당연하죠. 근데 우리 반 애들도 다 그럴걸요? 음식 좀 참는다고 다 섭식장애인 건 아니잖아요.

전송

내가 섭식장애라고?

우선 '섭식장애'라는 말이 조금 낯설게 느껴질 수도 있으니, 용어부터 함께 짚고 넘어가 볼까요? 미국정신의학협회에서 편찬한 『정신 질환의 진단과 통계 매뉴얼Diagnostic and Statistical Manual of Mental Disorders: DSM』에서는 '먹는 것으로 인해 일상생활에 엄청난 고통을 주는 정신 장애'를 하나의 범주로 묶어, '급식 및 섭식장애Feeding and Eating Disorders'라는 챕터에서 다루고 있어요.

　이 중 '급식Feeding'은 주로 아동기에 나타나고, 체중 감소 자체가 목적이 아닌 경우를 의미하기 때문에 이 책에서는 다루지 않을게요. '섭식Eating'은 일반적으로 섭식, 식사, 식이 등으로 번역되어, '섭식장애', '식사장애', '식이장애' 등의 용어로 다양하게 사용되고 있어요.

섭식장애의 진단 기준

용어를 살펴봤으니, 이제 정말 궁금했던 섭식장애의 기준에 대해 이야기해 볼까요? 다이어트에 지나치게 몰두하다 보면 섭식장애로 이어질 수는 있지만, 소민이 말처럼 살을 빼고 싶다고 해서 모두가 섭식장애인 건 아니에요.

정확한 진단을 위해서는 전문가의 도움이 필요하겠지만, 지금 내가 섭식장애의 길로 들어선 건 아닌지, 혹은 치료가 필요한 수준인지 스스로 가늠해 볼 수 있는 대표적인 특징들이 있어요. 지금부터 그 기준들을 하나씩 알아볼게요.

첫째, 음식이나 다이어트 생각으로 머릿속이 가득 차 있진 않나요? 섭식장애를 겪은 사람들은 종종 음식과 다이어트 생각에 지배당하는 기분을 느끼곤 해요. 『굿바이 섭식장애』의 저자 제니 쉐퍼는 'Eating Disorder섭식장애'의 앞 글자인 'ED'를 따서, 섭식장애에 걸린 상태를 '에드ED'라는 사람과 결혼한 것에 비유했어요. 마치 누군가가 옆에서 끊임없이 "이건 먹지 마.", "이건 지금 꼭 먹어야 해."라고 속삭이며 조종하는 느낌이 드는 거죠.

실제로 섭식장애 환자들은 '누가 머릿속에서 날 조종하는 것 같다'는 표현을 쓰곤 해요. 한번 폭식이 시작되면 도저히 멈출 수 없고, 고칼로리 음식은 절대 먹으면 안 될 것 같은 강박적인 생각이 들죠.

둘째, 체중이나 체형이 곧 내 가치인 것처럼 느껴지진 않나요?
다이어트를 한 번이라도 해 봤다면 하루에도 몇 번씩 거울을 들여다보거나, 사진을 찍어 내 몸을 확인해 본 경험이 있을 거예요. 인터넷 쇼핑몰에서 옷을 샀는데, 모델이 입은 느낌이 안 나서 괜히 속상했던 적도 있겠죠. 하지만 이런 감정을 느끼는 것만으로 섭식장애라고 단정할 수는 없어요. 다이어트를 하는 과정에서 누구나 겪을 수 있는 감정이니까요.

하지만 섭식장애를 겪는 사람들은 체중 변화에 훨씬 더 민감하게 반응해요. 1~2kg만 늘어도 견딜 수 없을 만큼 괴롭고, '내 인생은 망했다'는 극단적인 생각이 들기도 하죠.

셋째, 기분이 안 좋을 때 음식이 제일 먼저 떠오르진 않나요?
속상하고, 억울하고, 화가 날 때마다 아무 생각 없이 자극적인 음식을 입속에 밀어넣고 있진 않나요? 부정적인 감정을 마주할 틈도 없이 먹는 일에 몰두하고, 지금 이 상황을 벗어날 유일한 탈출구가 음식뿐이라는 생각이 들죠.

이처럼 괴롭고 힘든 감정이 밀려올 때 음식 생각부터 나고, 배가 부른데도 멈추지 않고 음식을 과도하게 섭취하는 일이 반복된다면, 섭식장애를 의심해 볼 수 있어요.

두 번째와 세 번째 증상, 즉 체중에 지나치게 예민하게 반응하거나 부정적인 감정을 음식으로 푸는 증상은 동시에 나타날 수도, 한 증상만 나타날 수도 있어요. 이에 관한 설명은 뒤에서 하나씩 자세히 다뤄 보도록 할게요.

소민

쌤, 저는 다 해당되는 것 같아요. 요즘 다이어트 때문에 주말 약속도 취소했거든요. 예전에는 안 그랬는데, 얼마나 먹었는지 계산하느라 수업 시간에 집중도 잘 안 돼요.

윤아쌤

소민이 말을 들으니 진짜 걱정되는데? 증상이 더 심해지기 전에 소민이가 지금 당장 실천해 볼 수 있는 것들을 알아보자.

소민

섭식장애라고 하니 무서웠는데, 그래도 쌤한테 털어놓으니까 맘이 좀 놓여요. 앞으로 하나하나 알아 가 볼게요!

지금 당장 실천할 수 있는 것

❶ 다이어트 점검해 보기

다이어트를 시작한 뒤로 하루 종일 음식 생각만 떠오르거나, 참다가 한꺼번에 몰아 먹는 습관이 생겼다고요? 그렇다면 지금 하고 있는 다이어트는 내 몸에 잘 맞지 않는 방식이에요. 단기간에 살을 빼겠다며 열량을 급격하게 줄이는 다이어트는 현실적으로 유지하기도 어렵고요. 몸과 마음이 괴로운 다이어트는 이제 그만 멈춰 보기로 해요.

❷ 내 삶에서 소중한 것들을 놓치지 않기

지금은 살을 빼는 게 가장 중요한 일처럼 느껴질 수 있어요. 하지만 다이어트가 삶의 중심이 되다 보면, 인간관계나 학업 등 내 삶에서 소중한 것들이 밀려날 수 있어요. 음식이 먹기 싫어도 친구들과 떡볶이를 먹기로 했던 약속은 되도록 지키고, 폭식을 하느라 학원을 빼먹는 일도 줄여 보도록 해요. 체중만 남는 삶은 너무 외롭고 힘드니까요.

마르지 않아도 섭식장애인가요?

02

예빈 이야기

예빈

쌤, 저 사실 프로아나* 커뮤니티에서 활동했었어요. 거기선 키빼몸(자신의 키에서 몸무게를 뺀 값)이 120이 되면 뼈말라 인간으로 인정해 주거든요. 뼈말라인 애들은 하루에 1,000칼로리 이하로 먹더라고요.

윤아쌤

그랬구나. 예빈이도 그렇게 적게 먹는 거야?

예빈

항상 그러는 건 아니에요. 입 터진 날에는 정신 잃고 케이크 한 판 다 먹은 적도 있어요. 그래서 심하게 폭식 한 날에 너무 자괴감 들어서 계정 삭제해 버렸어요.

윤아쌤

여전히 예빈이는 살을 빼고 싶은 거고?

예빈

네, 근데요. 저는 프로아나처럼 마르지는 않았으니까 섭식장애는 아니지 않을까요? 섭식장애라고 하면 토하고 그러는 거 아니에요? 저는 토하는 건 아직 무섭거든요.

* '찬성'을 뜻하는 '프로Pro'와 '거식증'을 뜻하는 '아노렉시아Anorexia'의 합성어로, 거식증을 옹호하고 지나치게 마른 몸을 추구하는 커뮤니티를 지칭한다.

 전송

내가 섭식장애 환자라고요?

오랫동안 먹는 문제로 씨름하다 상담 센터에 방문한 분들도 처음에는 늘 이런 질문을 해요.

"제가 섭식장애가 맞는 걸까요? 저는 저체중도 아니고, 먹토_{먹고 토}_{하는 행위}도 안 하는 걸요."

이런 질문을 하는 이유를 이해 못 하는 건 아니에요. 미디어에서는 섭식장애를 겪는 사람들을 미친 듯이 먹고 토하느라 일상생활이 아예 불가능하고, 심한 비만이거나 기아처럼 마른 모습으로 그리고 있기 때문이지요. 섭식장애에 대한 인식이 부족한 만큼, 섭식장애 환자를 둘러싼 오해와 편견도 많아요.

안타까운 사실은 이런 오해 때문에 섭식장애를 앓는 사람들이 '자신이 얼마나 섭식장애 환자다운지' 검열하느라 치료 시기를 놓친다는 거예요.

실제로 상담 센터에 방문한 분들에게 물어보면, 절식과 폭식을 반복하느라 체중이 고무줄처럼 늘었다 줄었다 하는 와중에도 치료받을 생각은 못 하고, 그저 다이어트 방법이 잘못되었거나 요요가 온 것이라 여기는 분이 많았어요. '혹시 섭식장애가 아닐까?' 하는 생각이 들어도, 본인이 너무 유난인 것 같다는 자책의 구렁텅이에 빠진 채 치료를 미루는 거죠.

지금부터는 섭식장애에 대한 가장 대표적인 오해를 알아보도록 해요.

마르지 않아도 섭식장애일 수 있나요?

마르지 않아도 섭식장애 환자일 수 있을까요? 제 대답은 '그렇다'예요. 많은 사람이 섭식장애 환자라고 하면, 음식을 거부해 비정상적으로 마른 거식증 환자의 모습을 떠올려요.

그러나 섭식장애의 진단명에는 음식을 거부하는 '신경성 식욕 부진증'뿐만 아니라, 지속적으로 잦은 폭식을 보이는 '신경성 폭식증', '폭식장애'도 존재한답니다.

'신경성 식욕 부진증'은 앞서 말한 '거식증'에 해당하는 질병으로,

말라야 예쁘다면서요?

진단 기준에 '현저한 저체중Significantly Low Body Weight'이라는 항목이 포함되어 있어요. 체중을 정상 수준 이상으로 유지하기를 거부하고, 체중 증가에 대한 극심한 두려움을 느끼는 것 등이 신경성 식욕 부진증의 대표적인 증상이죠. 이렇게 저체중이면서 자신의 상태가 얼마나 심각한지 인지하지 못하는 경우, 신경성 식욕 부진증으로 진단해요. 거식증을 진단받을 만큼 증상이 심각하면 뛰고 계단을 오르는 등 일상적인 활동이 어렵고, 입원해서 치료를 받는 사람도 많아요. 그래서 평소에 생활하면서 거식증 환자를 마주할 일은 드물어요.

반대로 '신경성 폭식증'과 '폭식장애'의 경우 체중에 대한 진단 기준이 없어요. 임상적으로는 표준 체중부터 과체중, 비만까지 다양한 체중이 나타난다고 보고되기 때문이에요. 다이어트를 하는 사람에게 나타난다고 해서 '다이어트 병'이라고 불리기도 하지만, 절식과 폭식이 반복되기에 체중은 다이어트 전보다 증가한 경우도 많답니다. 그래서 신경성 폭식증을 진단할 땐 체중 그 자체보다 체중 변화의 폭을 눈여겨볼 필요가 있어요.

먹고 토하지 않는데 섭식장애일 수 있나요?

먹고 토하지 않아도 섭식장애로 진단할 수 있을까요? 두 번째 질문에 대한 답 역시 '그렇다'예요. 흔히 말하는 '먹토먹고 토하기', '폭토폭식하고 토하기'는 섭식장애의 대표적인 증상이에요. 이런 행동을 '보상 행동'

이라고 부르는데요. 음식을 먹고 난 후 체중 증가를 막기 위한 모든 활동을 가리키는 말이에요. 섭식장애에는 먹고 토하는 증상 외에도 다양한 보상 행동이 나타나요. 구토뿐만 아니라 변비약이나 관장약 등을 복용하여 섭취한 음식을 직접적으로 제거하려는 행동, 과도한 운동, 쫄쫄 굶는 단식, 다이어트 보조제나 식욕 억제제의 과다 복용도 보상 행동에 해당해요.

이런 보상 행동은 점차 다양한 형태로 나타나고 있어요. 소금물을 일부러 먹어서 구토를 유도하는 방법, 음식물을 삼키지 않고 씹고 뱉는 일명 '씹뱉'도 보상 행동에 포함되지요.

몸에 별문제가 없는 것 같아요

청소년기는 눈앞에 보이는 결과에 마음을 쏟기 쉬운 시기예요. '지금 당장 살이 빠졌는가'에 몰두하다 보면, 그 행동이 미래에 어떤 결과를 가져올지는 예측하기 어렵죠.

하지만 우리의 몸은 생각보다 정직하답니다. 배가 고프면 먹고, 부르면 멈추는 자연스러운 몸의 신호를 무시한 채 너무 적게 먹거나, 한번에 몰아 먹는 행동을 반복하다 보면, 생체 리듬에 불균형이 생길 수 있어요.

여성의 경우, 가장 먼저 월경이 중단되거나 주기가 불규칙해지는 증상이 나타나요. 그럼에도 영양을 제대로 공급하지 않고, 몸에 무리를 주는 행동을 반복한다면 어떤 일이 벌어질까요?

섭식장애를 방치하면 만성적인 위장 장애나 영양 부족으로 인한 골다공증, 관절 질환이 생길 수 있어요. 갑상선 항진증과 저하증 같은 호르몬 문제가 발생할지도 모르고요.

무엇보다 안타까운 건, 지금 당장의 체중 감량을 향한 열망이 훗날 청소년들에게 너무 큰 고통을 남길 수 있다는 사실이에요. 따라서 주변 어른들이 섭식장애의 징후를 먼저 알아채고, 주의 깊게 살펴보는 것이 중요해요. 필요하다면 적절한 개입도 이루어져야 하겠죠.

예빈

> 갑자기 생각났는데, 초등학교 6학년 때 다이어트한다고 이틀을 내리 굶다가 쓰러진 적 있어요. 이렇게 미친 듯이 굶거나 다이어트 약을 먹는 행동, 3시간씩 무리하게 운동하는 행동 전부 보상 행동이었네요.

윤아쌤

> 맞아. 토하는 것도 건강에 안 좋지만, 예빈이가 말해 준 행동들 모두 위험할 수 있어. 한 번 하고 마는 게 아니라, 지속적으로 시도한 거잖아.

예빈

그렇죠. 근데 솔직히 말하면 사실 큰 문제인지 모르겠어요.

윤아쌤

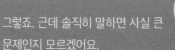

그래? 그렇게 생각하는 이유가 있을까?

예빈

다이어트는 다 하잖아요. 우리 엄마도 다이어트한다고 식욕 억제제 처방받아서 먹었고, 이모도 다이어트 한약 먹던데요? 운동도 엄청 많이 하고.

윤아쌤

충분히 그렇게 생각할 수 있겠다. 주변에선 다들 살 뺀다고 난린데, 섭식장애라고 하니 이해가 안 됐겠네.

예빈

맞아요. 3달 동안 생리 안 하는 거 빼고는 별문제도 없는 것 같은데….

섭식장애로 의심해 볼 수 있는 증상들

❶ '배가 안 고프다, 속이 더부룩하다, 공부 흐름이 끊긴다' 등 여러 이유를 대면서 지속적으로 식사 자리를 피하려 해요. 급식을 거부하기도 해요.

❷ 몸무게를 끊임없이 확인하고, 체중을 재지 못하게 하면 매우 불안해하거나 화를 내요.

❸ 예전에는 잘 먹던 음식을 하나둘 안 먹기 시작해요.

❹ 음식을 작은 조각으로 나누어 먹거나, 영양 성분과 칼로리를 강박적으로 계산해요.

❺ 식사 후에 화장실에 머무는 시간이 길어져요. 물을 틀어 토하는 소리를 감추기도 해요.

❻ 서랍이나 가방 등 보이지 않는 곳에 음식을 숨겨 놓고 먹어요.

❼ 체중과 체형에 대한 언급이 급격히 늘어요.

❽ 몸이 드러나는 옷은 입으려 하지 않아요.

❾ 체중이 급격하게 변해요. 살이 빠지고 찌고가 반복돼요.

❿ 이유 없이 월경이 멈추거나, 주기가 불규칙하게 변해요.

내가 섭식장애인 줄 몰랐어요

주리 이야기

주리

저번에 TV 보는데, 어떤 여자 아이돌이 스트레스받으면 닭볶음탕 3인분에 떡, 중국 당면까지 추가해서 먹어 치운다라고요. 먹고 나면 너무 힘들고 울렁거려서 토한 적도 있대요. 근데요, 사실 저도 그랬어요. 앉은 자리에서 치킨, 아이스크림까지 꾸역꾸역 다 먹어야 멈춰져요. 폭식한 날에 아파서 응급실 간 적도 있고요.

윤아쌤

한 번에 많이 먹는 게 최근 들어서 심해진 거야?

주리

올해 초부터 심해졌어요. 공부한다고 앉아만 있으니까 몸무게도 늘더라고요. 1년 전보다 10kg이나 찐 거 있죠? 너무 스트레스받아요….

윤아쌤

스트레스받을 일이 많나 본데? 요새 어떤 게 제일 힘들어?

주리

공부요. 벌써 고2인데 집중도 안 되고, 계획만큼 못 하니까 힘들어요. 수능 얘기가 나올 때마다 부담되고요.

전송

나는 왜 자꾸 먹는 걸까?

인간은 배고프면 먹고, 배가 부르면 먹지 않는 자연스러운 신체 메커니즘에 따라 움직이도록 만들어졌어요. 하지만 현대 사회로 올수록 음식이 풍족해지고 종류도 다양해지면서, '먹는 행위'는 단순히 배고픔을 해소하기 위한 것만은 아니게 되었죠.

오늘 하루, 음식을 '왜' 먹었는지 떠올려 볼까요? 밥 먹을 시간이 되어서 음식을 먹었을 수도 있지만, 집중력을 높이기 위해 달달한 커피를 마신다거나, 먹방을 보다가 갑자기 떡볶이가 당겨서 배달 음식 앱을 켰을 수도 있어요.

주리의 사례를 볼까요? 주리는 입시에 대한 부담감과 자괴감, 분노 같은 부정적인 감정이 들 때마다 음식을 찾았어요. 스트레스를 음식으로 푸는 건 요즘 청소년에게서 흔히 볼 수 있는 모습이에요. 지금 청소년들이 음식 말고 스트레스를 해소할 방법은 그리 많지 않으니까요.

여러분도 혹시 주리와 비슷한 경험을 한 적 있나요? 공부해야 한다는 압박감을 뒤로한 채 탕후루를 사 와서 한꺼번에 우적우적 씹어 삼킨 적이요. 처음에는 탕후루 두세 개면 만족했는데, 나중에는 과자 한 박스를 다 먹어도 해소되지 않는 것 같고, 점점 더 달고 짠 음식만 찾게 되죠.

입시가 가까워질수록 체중이 눈에 띄게 늘어난 친구들도 많아요. 대부분은 심리적인 문제를 먹는 걸로 해소하려다 보니 체중이 증가한 거예요. 하지만 부모님을 비롯한 어른들은 "지금은 공부가 우선이니까, 살은 나중에 빼도 돼."라며 대수롭지 않게 여기죠.

음식을 먹으면 스트레스가 금세 해소되는 것 같지만, 사실 그렇지 않아요. 공부하면서 느끼는 부정적인 감정은 금방 다시 밀려오고, 음식이 주는 자극에 내성이 생기면서 점점 더 자극적이고 더 많은 양의 음식을 찾게 돼요.

먹는 걸로 스트레스 푸는 게 잘못인가요?

스트레스를 먹는 걸로 푸는 게 뭐가 문제냐고요? 맞아요. 하루이틀

과식한다고 해서 크게 문제가 생기는 것은 아니에요. 하지만 폭식은 조금 달라요.

의학적으로 폭식은 '일정 기간 동안 대부분의 사람이 먹는 양보다 훨씬 많이 먹는 것'을 말해요. 이렇게만 들으면 와닿지 않을 수 있어요. '일정 기간'이 어느 정도를 말하는지, '대부분의 사람이 먹는 양'은 얼마인지, 사람마다 생각하는 기준이 다르니까요. 같이 먹는 사람에 따라 매번 먹는 양이 달라지기도 하고요.

그래서 저는 폭식을 설명할 때 '조절 능력의 상실감', 즉 조절이 안 된다는 느낌을 중요한 기준으로 들어요. 자기 조절 능력의 상실을 경험한 사람들은 "음식이 맛있어서 먹는다기보단 무엇에 씌인 것처럼 먹는다."라고 표현하기도 하는데요. 이처럼 자기 조절 능력이 떨어지면 배가 불러도 헛구역질이 나올 때까지 음식을 밀어 넣거나, 소화제를 먹어 가며 음식을 무리하게 섭취하는 모습을 보여요.

음식 중독

인간의 뇌는 먹는 것에서 즐거움을 느끼도록 진화했어요. 음식을 먹을 때 우리 뇌에서는 '도파민'이라는 물질이 분비돼요. 도파민은 쾌락과 보상을 담당하는 뇌의 회로를 자극해, 기분을 좋게 만들어 주죠. 예전에는 음식을 쉽게 구할 수 없었기 때문에, 도파민을 분비해 먹는 행위 자체에 쾌감을 느끼도록 진화해 온 거예요. 음식을 적극적으로 찾아 먹는 게 생존에 더 유리했으니까요.

하지만 지금은 시대가 달라졌죠. 음식은 넘쳐 나고, 손끝만 까딱하면 자극적인 배달 음식이 집 앞으로 도착해요. 그런데도 우리 뇌는 여전히 '도파민을 쉽게 얻을 수 있는 방법'으로 음식을 찾고 있어요.

스트레스 또한 음식 중독을 일으키는 요인 중 하나예요. 스트레스를 받으면 우리 몸은 코르티솔이라는 호르몬을 분비하는데, 코르티솔이 장기간 분비되면 식욕을 억제하는 렙틴 호르몬의 기능을 방해해, 식욕이 증가해요. 과거에는 멧돼지와 싸워야 하는 물리적인 위협에서 오는 스트레스가 전부였지만, 요즘은 시험, 숙제, 인간관계 같은 심리적인 스트레스가 대부분이에요. 그러니 실제로 몸이 에너지를 써서 지친 건 아닌데도 자꾸 뭔가 먹고 싶어지는 거죠.

음식을 먹어서 기분을 전환하는 게 무조건 나쁜 건 아니에요. 하지만 우울과 불안, 무력감과 슬픔을 느끼는 순간을 넘기기 위해 음식을 마취제처럼 사용한다면, 쾌감 회로에 문제가 발생할 수 있어요. 처음에는 핫초코 한 잔으로도 기분이 풀렸지만, 나중에는 치킨과 아이스크림을 꾸역꾸역 밀어 넣어도 만족하지 못하게 되는 거예요.

혹시 여러분도 공부가 안 되는 답답함을 달래려다 폭식을 하고 후회 속에 잠든 적이 있나요? 먹는 걸로 마음을 잠시 눌러 두긴 했지만 결국 스트레스는 해소되지 않고, 내 몸에 대한 불만은 더 커져 있죠.

이런 악순환이 반복된다면, 내 감정과 식욕이 잘못 연결되어 있는 건 아닌지 한번 들여다볼 필요가 있어요.

주리

제가 섭식장애일 거라고 생각 못 했네요. 그러고 보니,
제정신이 아닌 것처럼 먹을 때가 있어서 무서웠어요.

윤아쌤

선생님한테 이렇게 얘기하니까
어때? 마음이 좀 풀리는 거 같아?

주리

네. 먹을 땐 정신 없으니까 그 순간은 스트레스가
풀리는 것 같아요. 근데 쌤 말대로 느낌은 그때뿐이고,
공부해야 한다는 압박감이 사라지지는 않죠.

윤아쌤

맞아. 이제부터는 다른 사람에게 하소연을 한다든가,
공부가 안 될 때는 쉰다든가 하는 방법들을 찾아보자.
스트레스를 안 받을 수는 없어. 하지만 음식으로 모든
감정을 해소하려다 보면 부작용은 더 많이 생길 거야.

주리

네, 이렇게 털어놓으면서 마음을 풀 수
있다는 것도 처음 알게 된 거 같아요.

2장

내 몸이 ───────

자꾸 미워져요

사람들이 내 다리만 쳐다보는 거 같아요

윤아쌤

유은아, 안 덥니? 반소매나 반바지라도 입지. 더울 텐데 항상 긴소매에 긴바지만 입고 다니는 것 같더라.

유은

아…, 치마나 반바지를 입으면 다리가 너무 부각돼서 싫어요.

윤아쌤

그래? 언제부터 그렇게 느꼈어?

유은

중학교 들어오고 나서부터요. 키도 크고 체중도 5kg쯤 늘었거든요. 학기 초엔 치마도 입었는데, 버스 정류장 유리에 비친 제 다리를 보고 깜짝 놀랐어요. 너무 두꺼워 보이는 거예요.

윤아쌤

만약에 반바지나 치마를 입고 다닌다면, 친구들이 유은이를 어떻게 볼 것 같아?

유은

다리가 두껍다고 생각할 것 같아요. 겉으로는 말 안 해도 속으로는 분명히 그렇게 생각하겠죠….

 전송

내 몸이 왜 이래?

어른들은 유은이의 고민을 듣고 "유난 떨지 마, 누가 네 다리를 그렇게 쳐다보겠니?" 같은 말을 하며 대수롭지 않게 넘기곤 해요. 하지만 유은이가 정말로 유난을 떠는 걸까요?

사람은 살아가며 두 번의 급격한 성장 시기를 겪어요. 첫 번째는 생후 2년까지의 시기로, 이 시기엔 키와 체중이 태어났을 때보다 두 배 가까이 늘어나요. 누워 있던 아기가 걷기 시작하며, 한 사람으로 자라나는 시기죠.

두 번째 급성장기는 바로 청소년기예요. 사춘기가 시작되는 만 10~12세 무렵부터 아이들은 어린이의 얼굴에서 점점 성인의 외모로 바뀌어 가요. 평균적으로 여학생은 키가 약 25cm, 몸무게는 11kg 정도 늘고, 남학생은 키가 30cm, 몸무게는 18kg 가량 늘어난다고 해요.

이 시기에는 성호르몬이 왕성하게 분비되면서 생식 기관에 변화가 생기는 이차 성징도 나타나요. 여학생은 가슴과 엉덩이 등에 곡선이 생기고, 남학생은 수염이 자라고 목소리가 굵어지며 변성기가 찾아오죠. 피지 분비량이 많아지면서 여드름이 한꺼번에 올라오기도 하고요.

전부 내 몸만 쳐다보는 것 같아요

청소년기에는 눈에 보이는 신체 변화뿐 아니라, 겉으로 드러나지 않는 뇌의 발달도 빠르게 이루어져요. 특히 시각 정보를 받아들이고 처리하는 후두엽이 발달하면서 자기 외모나 타인의 외모에 대한 관심이 커지죠. 자연스레 유튜브 알고리즘은 다이어트, 화장법, 패션 아이템, 아이돌 직캠 영상 등 외모와 이미지 중심의 콘텐츠로 가득 차게 돼요.

이 시기에는 시각적인 민감도도 함께 발달하기 때문에 외적 자의식External Self-Consciousness도 높아져요. 다시 말해, '내가 다른 사람 눈에 어떻게 보일까?'에 대해 더 민감하게 반응하는 거예요.

그래서 하루에도 수십 번씩 거울을 들여다보며 내 모습이 괜찮은지 확인하고, 얼굴에 여드름이 하나 올라왔다는 이유만으로 학교에 가기 싫어지기도 하죠. 셀카를 찍어 소셜 미디어에 올리는 행동 역시 이런 자의식과 연결되어 있어요.

과도한 자의식은 자아 중심성과도 관련이 있는데요. 자아 중심성은 이 세상의 중심이 자신이라고 생각하는 인지적인 경향이에요. 고대 그리스 사람들이 지구가 태양계의 중심이라고 믿었던 것처럼, 자아 중심성이 두드러지는 청소년기에는 사람들이 자신을 항상 주목한다고 느껴요. 또 자신에게 벌어지는 일들은 굉장히 특별해서 남들은 이해하지 못할 거라 믿죠.

그러니 "주변 사람들은 너한테 큰 관심이 없어." 같은 말은 와닿지 않는 거예요. 자신의 다리가 두껍다고 생각한다면, 당연히 타인도 그렇게 생각할 거라 믿으니까요.

10대가 다이어트를 하는 이유

외모에 대한 관심은 필연적으로 다이어트로 이어져요. 아동 권리 전문 기구인 굿네이버스에서 15세 이상 중고생 400명을 대상으로 실시한 '아동·청소년의 체중 관리 경험과 인식 조사'에 따르면, 다이어트 경험이 있거나 다이어트를 계획 중이라고 응답한 비율은 여학생이 82.7%, 남학생이 57.1%에 달했다고 해요.

과반수가 넘는 청소년이 살을 빼려고 노력한 적이 있거나, 계획 중이라는 말이에요. 다이어트를 하는 이유로는 '마른 몸매가 좋아

보이고, 말라 보이고 싶어서'라는 응답이 가장 많았어요.

다이어트를 시작하는 계기는 사람마다 달라요. 외모에 대한 비난이나 놀림처럼 특별한 계기일 수도 있고, 친구나 형제를 따라 하거나 수련회를 앞두고 예쁜 옷을 입고 싶다는 평범한 동기에서 시작될 수도 있어요. 계기가 특별하든 평범하든, 많은 10대가 다이어트의 길로 들어서고 있다는 건 분명해요.

청소년기는 행동하기 전에 신중히 계획을 세우기보다, 당장 시작해서 빠르게 효과를 보고 싶어 하는 충동적인 경향성이 두드러지는 시기예요. 그러다 보니 온라인에 출처 없이 떠도는 극단적인 다이어트 방법을 그대로 따라 하게 될 위험도 커요.

위 조사에 따르면, 75.2%에 이르는 대다수의 학생이 다이어트 정보를 소셜 미디어에서 얻었다고 답했어요. 온라인에는 출처 없이 떠도는 극단적인 다이어트 정보들이 너무나 많아요. 연예인 누구는 이렇게 살을 뺐다더라, 물 단식을 하면 살을 10kg이나 뺄 수 있다더라 하는 이야기를 너무나 쉽게 접할 수 있죠.

처음부터 다이어트 보조제 같은 약물을 먹거나, 며칠을 내리 굶는 극단적인 다이어트를 시도하면 어떻게 될까요? 신체에 무리가 가는 건 물론이고, 다이어트라는 굴레에 갇혀, 섭식장애를 비롯한 심각한 부작용을 겪을 수 있어요.

다이어트 알고리즘

다이어트 정보를 소셜 미디어에서 한 번이라도 찾아 봤다면, 알고리즘은 곧바로 우리에게 비슷한 영상과 콘텐츠를 끝없이 추천해 줄 거예요. 마른 아이돌의 직캠 영상을 보여 주고, 다양한 다이어트 보조제 광고를 끊임없이 노출하죠. 극단적인 방법으로 단기간에 체중을 줄인 경험이 있다면, 건강하지만 천천히 효과가 나타나는 방법들은 눈에 잘 들어오지 않아요.

한번 몸에 대한 불만이 생기기 시작하면, 이전에는 전혀 신경 쓰지 않았던 내 몸 구석구석이 거슬리기 시작해요. 허벅지는 굵어 보이고, 팔뚝은 축 늘어진 것 같고, 뱃살은 심각할 지경이죠. 미국 마이애미 대학교 연구팀의 실험에 따르면, 다이어트를 생각하는 것만으로도 몸에 대한 걱정이 커지고, 자존감이 낮아지는 결과가 나타난다고 해요.

유은

> 사실 창피해서 아무한테도 얘기한 적 없는데,
> 토하려고 시도해 본 적도 있고, 이틀 정도 굶은 적도
> 있어요. 다이어트 카페에서 봤는데, 소금물을
> 먹으면 토가 잘 나온다는 말도 있더라고요.

윤아쌤

그랬구나.

유은

네. 근데 저한테는 잘 안 맞는 방법인 거 같아서
찾다 보니까, 다이어트 한약이라는 게 있더라고요?
제 주변 친구들도 효과를 봤다고 했고요. 근데
가격이 비싸서 고민이에요. 엄마한테 얘기했는데,
운동이나 할 것이지, 누가 그렇게 비싼 걸 먹냐고
한소리 들었어요.

윤아쌤

그럼 엄마 말대로 운동을 해 볼 수도 있잖아.

유은

운동도 하죠. 근데 저는 더 마르고 싶거든요.
다이어트 오픈 카톡방에 들어가서 물어보니까,
40kg대로 마르고 싶으면 무조건 굶거나 약을 먹어야
한다고 그러던데요? 지금보다 10kg만 더 빼면 어떤
옷이든 다 입고 다닐 거예요.

말라야 예쁘다면서요?

윤아쌤

글쎄. 그때가 되면 다이어트를 멈출 수 있을까?
오히려 다이어트에 더 매달리게 될 것 같은데.

유은

음, 무슨 말인지 잘 모르겠어요.

윤아쌤

사람들은 유은이 다리가 두껍든 말든 크게 신경
쓰지 않을 수도 있어. 근데 유은이는 계속해서 '내가
만들어 낸 내 모습'에만 몰두하고 있잖아. 살을 빼도
그 생각에서 빠져나오지 못한다면, 다이어트를
멈추지 못할 거야.

윤아쌤

그러니 입고 싶은 옷을 입는 게 목표라면,
다이어트 전에 먼저 옷을 입어 보고, 다른 사람들이
정말 부정적으로 반응하는지 확인해 보는 것도
방법이야.

내 마음대로 되는 건 체중밖에 없어요

예빈 이야기

윤아쌤

예빈아, 체중이 전보다 10kg 정도 빠졌다고 들었어.
어머님이 많이 걱정하시더라. 생리도 멈췄다며?

예빈

네. 그렇지만 저는 먹고 싶지 않아요.

윤아쌤

그래, 선생님이 당장 먹으라고 말하려는 건 아니야.
단지 예빈이도 힘들 텐데 다이어트를 놓지 못하는
데에는 이유가 있을 거 같아서.

예빈

딱히 힘든 건 없어요. 살이 다시 찔까 봐 불안한 것 빼고는요.

윤아쌤

왜 먹고 싶지 않고, 왜 불안한지 말해 줄 수 있어?

예빈

…

전송

살이 찔까 봐 불안해요

섭식장애 상담을 하면서 자주 마주치는 감정 중 하나는 바로 '불안'
이에요. 예빈이처럼 체중이 늘까 봐 두려운 마음, 그 마음이 들끓기
시작하면 체중이라는 숫자에만 집중하게 되죠. 누군가 "이제 그만
해도 되지 않겠니?"라고 말하면, 더 불안해하고 화를 내기도 해요.
예빈이는 왜 이렇게 체중에 집착하는 걸까요?

　저도 청소년 시절, 예빈이와 비슷한 경험을 한 적이 있어요. 제가
다니던 고등학교는 겉으로는 티를 내지 않았지만, 뒤에서는 서로를
험담하거나 마음에 들지 않으면 은근히 따돌리는 분위기가 있었어
요. 원래도 어려웠던 사람들과의 관계는 점점 더 혼란스러워졌고,

말로 설명하기 힘든 불안이 마음속에 쌓였어요. 그 무렵, 해외로 어학 연수를 다녀오며 체중이 5kg 정도 늘었고, 또래에 비해 마른 편이었던 제가 처음으로 "살쪘다."는 말을 들었어요. 별거 아닌 말일 수 있지만, 제겐 큰 충격으로 다가왔어요. 그때부터 체중을 조절하는 게 마치 내가 할 수 있는 유일한 '통제'처럼 느껴졌어요. 사람들의 시선, 내 기분, 하루의 성취감까지도 체중계 숫자에 따라 바뀌는 듯했죠.

지금 돌아보면 체중을 줄이고 싶었던 게 아니라, 불안을 다스릴 무언가가 필요했던 것 같아요. 예빈이도 아마 그런 마음이었을 거예요. 누구에게도 쉽게 설명할 수 없는 불안, 그리고 그걸 억누르기 위해 붙잡은 게 몸무게였던 거죠.

미움받고 싶지 않은 마음

예빈이를 비롯해 제가 만난 많은 청소년은 비슷한 경험을 털어놓아요. 혜수는 중학교 때 심한 따돌림을 당했어요. 어느 날엔 학교 담벼락에 욕설이 대문짝만 하게 적혀 있었고, 교실에 자신의 책상이 빠져 있던 날도 있었죠.

전학을 가고 나서는 그런 일이 없었지만, 혜수의 분노와 불안은 사라지지 않았어요. 혜수는 '나에게 왜 그런 일이 생겼을까'를 끊임없이 되묻고, 그 이유를 자신의 몸에서 찾기 시작했어요. '내가 쟤들

보다 날씬했다면 따돌림을 당하지 않았을 거야'라는 생각은 몸에 대한 집착으로 이어졌어요.

청소년기는 부모의 통제와 보호에서 조금씩 벗어나, 자신만의 방식으로 세상을 받아들이는 시기예요. 또래 친구들과의 관계에서 정체성을 형성하고, 세상을 살아가기 위해 어떤 생존 전략을 가져야 할지 끊임없이 탐구하죠.

이 과정에서 우리는 친구, 연인, 선생님, 학교 선후배 등 다양한 관계 안에 놓이게 돼요. 이런 복잡한 관계들은 예상치 못한 혼란과 감당하기 힘든 감정의 파도를 몰고 오기도 해요.

저 역시 그랬어요. 특히 누군가 나를 싫어할 수 있다는 사실을 받아들이기 힘들었죠. 이유도 몰랐고, 대응할 방법도 없었으니까요. 혜수도 마찬가지였을 거예요. 또다시 누군가 나를 해코지할지도 모른다는 공포와 불안, 영문도 모른 채 당하기만 했던 무력감을 느끼고 싶지 않았기 때문에 체중을 통제하려 한 거예요.

내가 통제할 수 있는 건 몸무게밖에 없어요

심리학자들은 섭식장애의 주요 원인 중 하나로 '통제감의 상실'을 꼽아요. 자신의 상황을 통제할 수 없을 때, 적어도 몸무게만큼은 조절할 수 있다고 믿으며 안정을 찾으려 하는 거죠. 특히 외모에 대한 관심이 높은 청소년기에는 '날씬함'이 일종의 성취처럼 여겨지기 때문에 다이어트에 더욱 집착하게 돼요.

섭식장애를 앓는 친구들은 "이렇게까지 굶은 건 처음이야.", "오늘은 1,000칼로리 식단을 지켰어." 같은 말들을 되뇌며 유능감과 성취감을 느끼곤 해요. 그러나 식욕은 의지로 통제할 수 있는 것이 아니에요. 내 몸은 내가 통제할 수 있다는 생각은 환상에 불과하죠.

불안을 통제하기 위해, 안정을 얻기 위해 시작된 다이어트는 우리를 다시 옥죄어 와요. 열량이 필요한 만큼 들어오지 않으니 몸은 비상 체제에 돌입하고, 음식을 더욱 간절히 원하게 되죠. 다이어트를 시도해 본 사람이라면 알 거예요. '먹지 말아야지' 하는 생각을 하면 오히려 음식 생각이 간절해진다는 걸요.

'제발 좀 먹자'는 몸과 '먹지 말자'는 머리가 싸우는 상황이 반복되다 보면, 결국 인간관계나 학업에까지 영향을 미칠 수 있어요.

한번 끓어오른 식욕은 쉽게 가라앉지 않아요. 식욕을 억누르기 위해 더 정교하고 더 많은 규칙을 세우지만 번번이 실패하고, '식욕마저도 통제하지 못하다니, 나는 실패자야' 같은 생각에 빠져 우울해지는 거예요. 불안한 마음을 잠재우기 위해 했던 행동이 우리를 더 불안하고 우울하게 만든다는 것. 이게 바로 섭식장애가 무서운 이유예요.

윤아쌤

예빈아, 엘리베이터 타다가 갑자기 멈춘 적 있어?
안에서 할 수 있는 건 없고, 숨도 막히는 느낌이 들잖아.

예빈

음, 상상만 해도 진짜 무서울 것 같아요.

윤아쌤

불안도 그래. 통제할 수 없는 상황에서 생기는
감정이거든. 그래서 사람들은 불안을 느끼면 '뭔가
하나라도 조절할 수 있으면 좋겠다'고 생각해. 몸무게에
집착하는 것도 그런 불안에서 시작됐을 수 있어.

예빈

음…, 뭔지 알 것 같아요. 체중계 숫자를 보면
그나마 내가 뭔가 하고 있다는 느낌이 들거든요.

윤아쌤

맞아. 잠깐은 위안이 되지. 근데 세상엔 어쩔 수 없는
일도 많잖아. 그러니 완벽하지 않아도 되고, 혼자
감당 안 해도 돼. 도움이 필요하면 언제든 손 내밀어 줘.

친구처럼 다리가 마르면 좋겠어요

은혜

쌤, 저 다리가 너무 굵은 것 같아요.

윤아쌤

왜? 전혀 안 그래 보이는데?

은혜

중학교에 와서 교복을 입으니까 다리가 너무 굵어 보여요. 친구 중에 종아리 알이 하나도 없는 애가 있는데, 너무 부러워요. 걔는 성격도 좋아요.

윤아쌤

그렇구나. 그 친구는 인기가 많아?

은혜

완전 인싸예요. 똑같이 사진 찍어서 SNS에 올려도 좋아요 수가 저랑 엄청 차이 나요. 저도 살 쫙 빼서 그 친구처럼 인기가 많아지면 좋겠어요.

윤아쌤

그렇게 생각할 수 있겠네. 근데 살이 빠지면 무조건 인싸가 되고, 인기가 많아질까?

전송

우리가 비교할 수밖에 없는 이유

은혜가 친구를 보며 느낀 부러움은 단순히 겉모습을 비교해서 생긴 감정이 아니에요. 청소년기의 부러움은 그보다 훨씬 깊은 맥락을 갖고 있어요.

　미국의 심리학자이자 정신 분석학자인 에릭 에릭슨Erik Erikson은 그의 저서인 『정체성: 젊음과 위기Identity: Youth and Crisis』에서 심리 사회적 발달 이론을 주장했어요. 이 이론에 따르면 인간은 여덟 가지의 발달 단계를 거치며, 각 단계에서 다음 단계로 넘어가기 위해 달성해야 하는 심리적 과제가 존재한다고 해요.

　그중 청소년기는 '정체성 대 역할 혼란Identity vs. Role Confusion'의 단계로, '나는 누구인가', '나는 무엇이 될 수 있는가'라는 질문에 답하기 위해 자신의 직업적·사회적·성적·윤리적인 정체성을 고민하는 시기라고 설명하고 있어요.

이 시기엔 주변 사람들과 끊임없이 자신을 비교할 수밖에 없어요. 비교를 통해 내가 어떤 위치에 있고, 이 집단에서 어떤 역할을 할 수 있는지를 가늠하거든요.

그 애처럼 되고 싶어요

수연이는 방학 동안 '영어 말하기 캠프'에 참가했어요. 전국에서 온 친구들과 함께 발표를 준비하고, 조별로 토론도 하는 프로그램이었죠. 첫날, 수연이는 같은 조에 배정된 하윤에게 자꾸 시선이 갔어요. 발표할 때 또렷한 말투, 생각을 정리하는 방식, 다른 친구들을 대하는 여유까지, 하윤이는 수연이 눈에 너무나 멋져 보였어요. 수연이는 하윤이가 너무 부러웠어요.

그날부터 수연이는 하윤의 말투를 따라 하고, 발표할 때 고개를 끄덕이는 제스처도 흉내 내기 시작했어요. 평소 즐겨 듣던 음악 대신 하윤이가 듣는 플레이리스트를 찾아 듣고, 말투뿐 아니라 태도, 옷 스타일까지 닮아 가려 애썼죠. 수연이는 '비교'라는 과정을 통해 자신이 어떤 사람이 되고 싶은지를 고민하기 시작해요.

은혜도 수연이와 비슷한 과정을 겪었어요. 닮고 싶은 친구를 보며

말라야 예쁘다면서요?

계속 비교하고, '나도 친구처럼 날씬하고 싶다'는 마음이 들었던 거예요. 청소년기에는 겉으로 보이는 외모가 비교의 대상이 되기 쉬워요. 키가 크는 속도도 다르고, 살이 찌거나 빠지는 속도도 제각각이니까요.

은혜는 비교를 통해 내 외모가 부정적인 평가를 받지는 않는지, 사회에 어울리는 모습은 무엇인지 파악하고, 사람들의 반응에 맞춰 스스로를 조정해 나갔던 거예요.

비교는 나쁜 게 아니에요

이처럼 청소년기의 부러움은 너무나 자연스러운 감정이에요. 그런데 우리 사회는 부러움을 부정적으로만 바라봐요. 한때 "부러워하면 지는 거야."라는 말이 유행했던 것만 봐도 알 수 있죠.

하지만 부러움은 내가 진짜 원하는 게 뭔지 알려 주는 내면의 신호가 되기도 해요. 어떤 사람을 부러워한다는 건, 그 사람 안에서 '내가 갖고 싶은 무언가'를 발견했다는 뜻이기도 하거든요. 은혜의 "저도 살 쫙 빼서 그 친구처럼 인기가 많아졌으면 좋겠어요."라는 말 안에는 단지 멋진 외모에 대한 부러움만이 아니라, 사람들과 잘 어울리고 싶은 마음과 자신을 긍정적으로 바라보고 싶은 바람이 담겨 있어요.

부러움을 무조건 억누르거나 부끄러워할 필요는 없어요. 그 감정을 솔직하게 마주하고, 그 안에 숨은 진짜 나의 바람을 알아차린다면, 오히려 부러움은 자기 이해와 성장의 출발점이 될 수 있답니다.

은혜

> 오…, 부럽다는 감정, 참 어렵네요.
> 필요하긴 한데 너무 빠지면 안 될 것 같아요.

윤아쌤

> 맞아. 부러움은 자연스러운 감정이지만,
> 지나치면 나를 갉아먹게 돼. 남만 보다 보면
> 내가 가진 건 안 보이거든.

은혜

> 아까 말했던 일자 다리 친구 있잖아요.
> 제 다리 근육이 부럽다고 하더라고요.
> 진짜 재수 없었어요. 자기는 이런 몸으로
> 살아 본 적도 없으면서.

말라야 예쁘다면서요?

윤아쌤

그랬구나. 충분히 짜증 날 만했겠다.
근데 어쩌면 그 친구는 진심으로 은혜를
부러워했을 수도 있어. 사람은 자기한테
없는 걸 더 크게 느끼니까.

은혜

흠, 부러움에 빠지면 정말 내가 못 가진
것만 보이긴 해요. 저도 제 강점은 전혀
못 보고 있었을지도요.

윤아쌤

맞아. 은혜는 근력도 좋고 유연성도
뛰어나잖아. 그게 은혜만의 장점이야.

은혜

그러네요. 제 몸이 가진 장점을 좀 더
봐야겠어요.

3장

말랐다고 ────────

칭찬받았어요

────

살을 빼면 대단하다고 하던데요

이안 이야기

이안

부모님이 뭐라 하셔서 50kg까지 살을 찌우긴 했는데요. 솔직히 지금도 다이어트하고 싶어요.

 윤아쌤

살을 왜 그렇게까지 뺐던 거야?

이안

다른 친구들은 엄청 잘 먹어요. 피아노를 치려면 살이 너무 많이 빠져도 안 되거든요. 근데 다이어트를 열심히 하는 애들도 있어요. 어차피 연주 실력은 별 차이가 없고, 대회에서는 운이 중요하니까 외적으로 눈에 띄려는 거예요. 연주회에서는 의상도 중요하잖아요.

 윤아쌤

이안이도 그래서 살을 빼기 시작한 거야?

이안

네, 그때 슬럼프가 오기도 했어요. 어릴 땐 제가 주변에서 피아노를 제일 잘 쳤는데, 예고에 오니까 저는 아무것도 아니더라고요. 그때 살이 좀 빠졌는데, 애들이 예뻐졌다고 칭찬해 줘서….

 ☺

전송

'갓생'의 함정

'갓생'이라는 말 한 번쯤 들어 본 적 있을 거예요. '신'을 뜻하는 '갓God'과 '생활'을 합쳐서 만든 말로, 엄청나게 성실하고 부지런하게 사는 삶을 뜻하죠. 새벽 6시 전에 일어나 '미라클 모닝'을 실천하고, 운동과 식단을 꾸준히 조절하고, '10분 독서', '10분 명상' 같은 루틴을 통해 매일 성취감을 쌓는 삶. 갓생은 요즘 청소년과 청년들 사이에서 자기 계발의 상징처럼 여겨지기도 해요.

　누군가는 이렇게 말할 수 있어요. "열심히 사는 게 뭐가 문제야? 사람이라면 당연히 성실해야지. 가난한 건 노력하지 않아서고, 뚱뚱한 건 자기 관리를 안 해서 그런 거야."

그런데 열심히 살아야 한다는 강박은 사실 사회 전반의 치열한 경쟁 구조 속에서 비롯된 거예요. 이런 분위기 속에서 사람들은 성취를 기본값처럼 여기죠. 공부를 한다면 당연히 명문대에 가야 하고, 몸을 관리한다면 아이돌처럼 날씬해야 한다고 생각해요.

그래서 청소년, 혹은 그보다 더 어린 시기부터 아이들은 무한 경쟁 사회로 내몰려요. 좋은 성적과 명문대라는 목표를 위해서라면 수단과 방법을 가리지 않죠.

예체능 계열의 학생이라면 경쟁은 더 치열해요. 전체 인원 대비 선발 인원이 적은 데다, 실력뿐 아니라 외모나 체형까지 평가 기준에 들어가기도 하니까요.

이런 무한 경쟁 사회에서 청소년은 건강할 수 있을까요? 여성가족부가 발표한 '2024년 청소년 통계'에 따르면, 청소년의 사망 원인 1위는 자살이었어요. 이는 안전사고나 질병으로 인한 사망률을 앞질렀으며, 인구 10만 명당 10.8명으로 다른 원인보다 2배 이상 높은 것으로 나타났어요. 더 충격적인 건, 청소년 사망 원인 1위가 자살이라는 통계 결과가 무려 12년째 이어지고 있다는 거예요.

뚱뚱하면 욕먹어도 되나요?

우리 사회에서 몸은 존중받아야 할 대상이라기보다, 끊임없이 가꾸고 바꿔야 할 대상이 되어 버린 지 오래예요.

운동으로 단련된 몸, 철저한 식단, 시술과 수술로 매끈하게 다듬어진 외모는 자기 관리를 잘하는 사람의 이미지로 연결되는 반면, 군살이 있거나 탄력이 없는 몸은 게으르다는 인식으로 이어져요.

TV 예능에서는 뚱뚱한 사람을 웃음거리로 삼는 장면이 자주 등장해요. 체형이 큰 사람의 몸짓이나 식사량을 과장하거나, 몸매를 캐릭터화해서 웃음을 유도하죠.

'살찐 몸은 웃긴 몸'이라는 인식은 그대로 청소년에게 전해집니다. 조금 뚱뚱하거나 체형이 큰 아이들은 "안여돼_{안경 쓴 돼지}", "육수 흐른다." 같은 조롱을 들으며 자라나게 되죠.

누군가는 몸을 가꾸고 싶어서 살을 빼지만, 누군가는 조롱받지 않기 위해, 혹은 살아남기 위해 외모를 고쳐야 한다는 압박 속에 놓이는 거예요.

우리 모두 노력하는 걸요

자본주의로 인한 불평등은 나날이 심해지지만, 사람들은 그 원인을 사회 구조보다는 개인의 책임으로 돌려요. 왜 더 '노오력'하지 않았냐며 스스로를 몰아세우죠.

이런 사회 분위기 속에서 자란 부모 세대는 그 가치관을 지금의 청소년들에게 그대로 전하고 있죠. 더 열심히 공부하고, 더 많이 노력하고, 더 성실해야만 성공할 수 있다고 믿으면서요.

몸에 대한 생각도 크게 다르지 않아요. 가까운 목욕탕에만 가 봐도 그 분위기를 느낄 수 있어요. 나이를 막론하고 거울 앞에 서기만 하면 자동으로 자신의 몸에 대한 아쉬움이 터져 나오죠. "여긴 좀 더 빠졌으면 좋겠고, 여긴 탄탄했으면 좋겠고, 이 주름은 없어졌으면…." 나이가 많든 적든, 우리는 몸을 끊임없이 평가하고, 고쳐야 한다는 압박 속에 살아가고 있어요.

그렇다면 사회적으로 완성된 외모를 가진 사람들은 이런 불안과 강박이 없을까요? 연극 영화과에 다녔던 저는 아름답다고 평가받는 사람들을 많이 만났어요. 하지만 거울을 보며 흡족해하는 사람은 드물었죠. 그들은 오히려 더 자주 자신의 외모를 평가하고, 끊임없이 스스로를 깎아내렸어요. 이 사회에서 자신의 몸에 온전히 만족하는 사람은 정말 드물 거예요. 남들 눈에 멋있어 보이는 사람이라 해도 말이죠.

이안

저는 원래 피아노 치는 걸 좋아했거든요.
근데 어느 순간부터 잘해야 한다는 압박이 너무
크니까 피아노가 쳐다보기도 싫더라고요.

윤아쌤

그랬구나.

말라야 예쁘다면서요?

이안

몸도 똑같은 것 같아요. 날씬해져야 한다고 생각하니까 제 몸이 너무 미운 거예요. 근데 쌤 말 들으니까 그런 제가 가엾다는 생각이 들어요.

윤아쌤

이안이가 스스로에게 연민의 감정을 느낀다니 다행이야. 쌤도 예전에는 SKY에 들어가지 못하면 인생이 끝나는 줄 알았어. 마르지 않으면 죽는 게 낫겠다는 생각도 했지.

이안

쌤도요?

윤아쌤

응, 그런데 자신을 한계까지 몰아세우고 나니까 그런 생각이 들었어. '도대체 나는 왜 열심히 한 거지?' 그리고 주변을 둘러보니까 무조건 열심히 한다고 해서 사회의 기준에 도달하는 건 아니더라고.

아이돌은 '뼈말라'인데, 왜 우리는 안 되죠?

승연 이야기

승연

제가 요즘 빠진 아이돌이 있는데요. 얼마 전에
컴백했는데 살을 엄청 뺐는지 진짜 예뻐졌더라고요.

윤아쌤

그래? 누군데?

승연

쥬쥬라는 멤버예요. 이번에 10kg 정도 뺐대요. 키가
170cm인데, 체중이 겨우 40kg이래요. 저는 키가
160cm니까, 그렇게 되려면 30kg까지 빼야 할 걸요?

윤아쌤

30kg? 그 정도면 초등학교 3~4학년 평균
몸무게인데? 그 친구들은 키가 130~140cm야.

승연

평균이 그런 거고요. 쥬쥬만큼은 아니더라도
예뻐지려면 적어도 40kg대까지는 빼야죠.

전송

아이돌은 살 잘만 빼던데요?

우리는 이미지 중심으로 돌아가는 소셜 미디어의 시대를 살고 있어요. K-pop 아이돌의 다재다능하고 완벽해 보이는 모습은 한번쯤 '나도 저렇게 살아 보고 싶다'는 선망을 불러일으키죠.

화려한 의상을 입고, 무대 위에서 춤을 추는 아이돌은 말 그대로 '개말라', '뼈말라'라는 말이 무색할 정도로 마른 몸을 가지고 있어요. 아동복이 맞을 정도로 날씬한 몸으로도 격렬한 안무를 소화하고, 힘든 기색 없이 환하게 웃어 보이지요.

그런데 이상하지 않나요? 현실에서 아이돌처럼 살을 빼면, 다이어트를 멈추라는 걱정의 목소리가 쏟아집니다. 계단을 오르기만 해도 숨이 차고, 푸석한 피부와 눈에 띄게 줄어든 머리숱을 마주하죠. 공부에 집중도 안 되고, 너무 배가 고파서 잠도 오지 않아요. 부모님은 제발 밥 좀 먹으라며 혼을 내고요. 아이돌과 비슷한 몸을 갖게 됐는데, 왜 나는 더 지치고, 더 불행해졌을까요?

청소년의 눈으로 보면 프로아나와 아이돌은 크게 다르지 않아요. 둘 다 마른 몸을 목표로 하고, 그 목표를 위해 무리하게 체중을 줄인다는 점에서는 비슷하니까요.

그런데 세상은 이 두 집단을 전혀 다르게 바라봐요. 아이돌은 어린 나이에 막대한 인기와 부를 얻는, 누구나 한번쯤 꿈꾸는 화려한 존재로 떠받드는 반면, 프로아나는 극단적이고 비정상이라며 손가락질하죠.

그런데 정말 궁금해요. 극단적이라는 기준은 어디서부터일까요? 몸무게가 40kg이면 괜찮고, 30kg이면 안 되는 걸까요? 아이돌은 괜찮고, 우리는 마르면 안 되는 걸까요?

아이돌 다이어트의 진실

'날씬하고 예뻐서' 사랑받는 아이돌. 그 말은 곧 '날씬하고 예뻐야만' 사랑받을 수 있다는 말이기도 해요. SBS 스페셜 다큐멘터리 '바디멘터리'에서는 여성 아이돌들이 출연해, 마르기 위해 어떤 고통을 견뎌야 했는지 들려줍니다. "예쁘고 통통하지만 허벅지만 통통

말라야 예쁘다면서요?

해야 하고, 배는 들어가야 하고, 라인이 살아 있어야 하는" 완벽한 몸의 기준을 맞추기 위해 하루 종일 미니 초코바 하나로 버티고, 몰래 화장실에 숨어서 음식을 먹고, 수액을 맞은 뒤에도 체중이 늘까 봐 불안에 떨었다고 해요.

그들은 날씬하고 인형 같은 외모를 얻기 위해 우울증, 두드러기, 만성 소화 불량을 감수해야 했어요. 무대 밖 일상생활조차 힘들어졌다는 고백도 이어졌죠.

제가 상담을 하면서 만났던 배우 지망생이나 아이돌 연습생, 예체능계에 있는 친구들 역시 비슷한 환경 속에 놓여 있었어요. 매일 체중을 재고, 키나 체형은 고려하지 않은 채 똑같은 몸무게로 살을 뺄 것을 강요받고, 누가 체중이 많이 나가는지 순위를 매겨 벽에 대문짝만 하게 붙여 놓기도 했죠. 식욕 억제제나 각종 미용 시술과 수술을 강요하는 것도 흔한 일이었어요.

그동안 이런 사실이 드러나지 않았던 이유는 뭘까요? 아이돌 산업은 '밝고 완벽한 상품'을 만들고 싶어 하고, 우리 사회는 아이돌을 상품으로써 소비하는 데 집중했기 때문이에요. 그래도 다행인 것은, 사회가 바뀌며 '바디멘터리'처럼 섭식장애 당사자들이 말할 수 있는 자리가 조금씩 생겨나고 있다는 점이에요. 불과 얼마 전까지만 해도 섭식장애 증상을 겪고 있다고 밝히는 것은 어려운 분위기였거든요.

필터 속에 가려진 진짜 내 모습

예전에는 연예인이나 예체능계 사람들만 외모에 대한 압박을 강하게 느꼈어요. 하지만 요즘은 그런 기준이 일반인들에게까지 널리 퍼졌죠. 그 중심에는 소셜 미디어가 있어요.

지금 30대 이상의 어른들은 청소년기를 어느 정도 지난 뒤에야 스마트폰을 본격적으로 사용했어요. 그 시절 비교 대상이라 해 봐야 엄마 친구 딸이나 옆 학교 얼짱 정도였죠. 하지만 지금의 10대와 20대는 비교 대상의 범위가 완전히 달라요. 이들은 대한민국 전역, 혹은 전 세계에서 가장 예쁘고 마른 사람들을 실시간으로 접하며 살아가고 있으니까요.

인스타그램에 올라온 사진 한 장을 위해 수백 장의 사진을 찍고, 수많은 보정을 거친다는 걸 머리로는 알고 있어요. 하지만 우리 눈에는 그저 완벽한 배경, 잡티 하나 없는 얼굴, 밝은 미소만 들어오죠.

이런 사회적 흐름 속에서 프로아나 커뮤니티가 활발해지고, 청소년 섭식장애 환자가 많아지는 건 당연한 흐름이에요. 그런데도 사람들은 이렇게 말해요.

"프로아나는 그냥 이상한 애들이잖아. 누가 그렇게까지 살 빼라고 했어?"

이런 말은 사회가 요구하는 모습에 맞춰 살아가려 애쓰는 아이들에게 모든 책임을 떠넘기는 말이에요. 우리가 몸에 수치심을 가지게 된 게 결코 개인의 탓만은 아닌데 말이에요.

말라야 예쁘다면서요?

그렇기에 우리 사회는 청소년들이 미디어와 엔터테인먼트 산업을 비판적으로 바라보는 눈을 가질 수 있도록, 더 많은 교육과 이야기를 나눌 장을 제공할 책임이 있어요.

승연

아이돌도 힘들 수 있다는 생각은 못 해 본 것 같아요. 무대 위에서는 잘 웃고, 힘든 기색도 없으니까요.

윤아쌤

아이돌은 그렇게 보여야 하니까. 우리 사회가 아이돌에게 그런 모습을 요구하기도 하고.

승연

아이돌처럼 마르면 무조건 행복해질 줄 알았는데, 꼭 그런 건 아니네요.

윤아쌤

그렇게 마른 몸을 갖기 위해 뭘 포기하고, 어떤 부작용을 감당하고 있는지 보여 주지 않으니까.

03

약만 먹으면 10kg이 금방 빠진댔어요

은혜 이야기

> **뼈말라 @bornmalla**
> 와, 뭔 짓을 해도 안 빠지던 게
> 식억제 먹고 10kg 빠짐 ㄷㄷ.

> **프아게QW @paqw**
> 식억제 먹으면 당연 살 빠짐.
> 왜? 먹고 싶은 생각 자체가 싹
> 사라짐. 나는 ㅋㅋㅋ 그렇다는 거
> 니까 시비는 ㄴㄴ.

> **말라코어 @core33**
> 식억제 먹고 환청 좀 들리
> 긴 한테 ㄱㅊ·뚱뚱한 거보단
> 나음 ㄱㅅ.

은혜

쌤, 식욕 억제제 먹으면 진짜 살이 빠질까요?

윤아쌤

식욕 억제제는 청소년이 먹으면 안 될 텐데? 그리고 식욕 억제제는 마약류로 분류된 약품이라 잘못 먹으면 아주 위험해.

은혜

SNS에 그거 먹고 살 뺀 후기가 엄청 많던데요? 제 친구도 식욕 억제제 먹고 살 뺐는데, 하루에 한 끼만 먹어도 배불러서 살이 쪽쪽 빠진대요.

윤아쌤

청소년은 대리 구매한다는 말을 듣긴 했는데…. 불법이라는 건 알지?

은혜

그래서 사지는 않을 건데요. 누가 주면 먹을 거 같긴 해요.

윤아쌤

그렇구나. 근데 식욕 억제제 부작용은 잘 알고 있는 거지?

전송

너도 나도 먹는 살 빼는 약

비만이 아님에도 더 날씬한 몸매를 만들기 위해 약물을 사용하는 일이 오늘날에만 벌어지는 건 아니에요. 1920~1940년대 미국에서는 담배 회사들이 흡연이 다이어트에 도움이 된다는 광고를 내세우자, 여성 흡연자가 급격히 늘기도 했어요. 갑상선 기능 저하증 치료제나 변비약이 다이어트 목적으로 오남용된 사례도 많았고요.

지금은 마약류로 분류된 암페타민도 1930년대에는 '벤제드린'이라는 이름으로 출시되어, 체중 감량 효과가 알려지면서 다이어트 약으로 처방되었어요.

오늘날에는 암페타민과 유사한 작용을 하는 펜터민 계열 약물이

나, 혈당과 식욕을 조절하는 삭센다, 위고비 같은 약들이 비만 치료제로 사용되고 있어요.

국내 비만 치료제 시장은 2018년 968억 원에서 2023년 1,780억 원으로 두 배 가까이 성장했으며, 이는 세계 4위 수준인 것으로 나타났어요. 인구 대비 비만율이 높지 않은 한국에서 이 수치는 단순한 건강 목적이 아니라 외모 관리를 위해 약물을 사용하는 사람이 그만큼 많다는 걸 보여 주는 셈이에요.

보이기 위한 근육

아름다운 몸에 대한 집착은 비단 여성만의 이야기가 아니에요. KBS 다큐 프로그램 '시사직격'은 '피지컬 전쟁: 몸을 향한 유혹' 편에서 더 크고 단단한 근육질 몸매를 만들기 위해 '안드로제닉 아나볼릭 스테로이드' 계열의 약물을 오남용하는 이들을 취재했어요. 이 약물은 단백질 합성을 촉진해 근육 성장에 도움을 주는 남성 호르몬 약물로, 보디빌더나 헬스 트레이너뿐 아니라 일반인 사이에서도 오남용 사례가 늘고 있다고 해요.

식욕 억제제가 단기간에 체중 감량 효과를 보이듯, 스테로이드 역시 짧은 시간 안에 눈에 띄는 근육 증가 효과를 낼 수 있어요. 하지만 그만큼 부작용도 크죠. 약물 복용을 중단하면 근육량은 금세 원래대로 돌아오고, 심한 무기력감에 시달릴 수 있어요. 특히 전문

의료진의 처방 없이 장기간 복용하면 호르몬을 조절하는 내분비계가 망가지면서 생식 기능에 문제가 생기거나, 심혈관 질환, 장기 손상 등 심각한 건강 문제를 일으킬 수 있어요. 실제로 미국에서는 스테로이드 복용으로 젊은 나이에 사망한 보디빌더들의 사례가 보고되고 있어요.

방송에 출연한 한 남성은 약물을 사용하는 이유에 대해 이렇게 말했어요.

"결국 보여지기 위해서 하는 거예요. 성형이랑 다를 바가 없어요."

성형을 '선택'한다고요?

국내 미용 성형 수술 시장의 규모는 굳이 수치를 들이대지 않아도 체감할 수 있을 정도예요. 압구정이나 신사역 근처에 가 본 적 있나요? 그 일대는 말 그대로 '성형의 거리'라 불릴 만큼 성형외과, 피부과 같은 미용 병원들이 길게 늘어서 있어요.

최근에는 성형 수술 정보를 공유하고 병원 예약까지 도와주는 앱도 등장했어요. 연예인이나 인플루언서가 성형 수술 경험을 솔직하게 털어놓는 콘텐츠도 심심찮게 볼 수 있고요.

2024년 미국의 한 조사에 따르면, 한국은 세계에서 인구 대비 성형 수술 횟수가 가장 많은 나라로 꼽혔어요. 특히 19세에서 29세 여성 4명 중 1명은 성형 수술 경험이 있다고 답했어요.

이런 분위기 속에서 청소년들이 미용 목적의 시술이나 수술을 갈망하게 되는 건 자연스러운 결과예요. 아니, 사실상 강요에 가깝죠. 어른들은 입시를 준비하는 아이들에게 "대학교 가면 다 예뻐진다."는 말을 인삿말처럼 내뱉고, 취업 시장에서는 대놓고 '외모도 스펙'이라는 말이 쓰이고 있으니까요.

정신 분석가 수지 오바크는 이렇게 말했어요.

"오늘날 많은 사람들에게 성형 수술은 예술이 아니라 감정적 생존 도구다. '수준을 맞추기 위한' 방법이라거나 더 많은 벌이를 위한 자격증쯤으로 여긴다."

이 말이 지금 우리 사회를 너무 잘 보여 주는 것 같지 않나요?

외모 지상주의는 돈이 된다

왜 우리 사회는 몸을 있는 그대로 받아들이지 못하게 만들까요? 답은 생각보다 간단해요. 돈이 되니까요. 다이어트를 돕는다는 약물, 미용 목적의 시술과 수술, 다이어트 보조제, 화장품, 운동 기구, 식단 프로그램까지. 미용 산업이 엄청난 규모의 돈을 벌어들인다는 건 금방 알 수 있어요.

각종 미디어에서는 '더 건강하고 행복해지려면 다이어트를 해야 한다'라고 말하지만, 이는 대부분의 경우 사실이 아니에요. 사람마다 타고난 체중의 범위는 어느 정도 정해져 있거든요. 그런데 그걸 억지로 벗어나려 하면 몸은 병들고, 정신적으로는 강박에 빠질 수 있어요.

만약 내 몸과 타협하고 다이어트를 멈추려 한다면 어떤 일이 벌어질까요? 그럴 때마다 어디선가 우리를 자극하는 목소리들이 들려와요.

"다른 사람들은 더 완벽해지고 있어요. 가만히 있으면 도태된다고요. 돈만 쓰면 가능한 방법이 아주 많아요."

다이어트 약의 배신

SBS TV 프로그램 '그것이 알고싶다'는 '나비약과 뼈말라족' 편에서 펜터민 계열 약물의 오남용 사례들을 다뤘어요.

배우 A 씨는 해당 프로그램에서 펜터민 계열 약물을 복용하고 환청과 환각에 시달렸던 경험을 털어놓았어요. 환청 때문에 차에 뛰어들 뻔하거나, 길바닥에 누웠다가 일어나는 등 기이한 행동을 반복했다고 고백했죠. 펜터민은 교감 신경계를 자극해, 극심한 긴장 상태에 놓인 것처럼 몸을 흥분 상태로 몰아가요. 이러한 반응은 식욕을 떨어뜨리고 소화 능력을 낮추는 효과를 의도한 것이지만, 문제는 그에 따른 부작용이 너무 크다는 점이에요.

펜터민 계열의 약물을 복용하면 손이 떨리거나 가슴이 심하게 두근거리며, 밤에 잠들기 어려운 부작용이 발생할 수 있어요. 심한 경우에는 환시나 망상 등 정신적인 증상까지 나타나, 통제하기 어려운 행동으로 이어질 수도 있죠.

식품의약품안전처 마약관리과에서 발간한 『의료용 마약류 식욕 억제제 안전 사용 기준(2020)』에 따르면, "의료용 마약류 식욕 억제제는 비만 치료 목적으로 사용하여야 한다."고 안내하고 있어요. 또한 "미용 목적으로 처방·사용되어서는 안 된다."라고 밝히고 있죠.

그런데도 일부 병원에서는 BMI 체질량 지수 기준으로 정상 체중이거나 그보다 더 마른 사람에게까지 무분별하게 비만 치료제를 처방하고 있어요.

이 약물들은 남용과 의존 가능성을 고려해, 복용 기간을 최대 4주 이내로 제한해 처방해야 한다고 권고하지만, 장기 복용이 가능하도록 처방하는 병원도 많아요.

이런 병원들은 '살 잘 빼 주는' 병원으로 소문이 나면서, 새벽부터 대기 줄이 끊이지 않고, 약을 처방받기 위해 전국 각지에서 사람들이 몰려들어요. 상업적 이익을 위해 약물을 처방하면서도, 그에 따른 부작용에 대해서는 제대로 설명하지 않는 병원도 많아요.

더 젊고, 더 아름답고, 더 완벽한 몸?

식욕 억제제를 먹으면 처음에는 입맛이 줄고 살이 빠지니 기분이 좋아지겠지만, 시간이 지날수록 약이 없으면 불안하고, 몸이 다시 예전처럼 돌아갈까 봐 초조한 감정이 생겨요. 그렇게 점점 약에 의

말라야 예쁘다면서요?

지하고, 결국에는 체중보다 더 깊은 문제와 마주하게 되는 거예요.

2024년에 개봉한 영화 '서브스턴스'는 약물 사용의 심리적인 의존 현상을 간접적으로 보여 줘요. 한때 인기를 끌었지만 '나이가 들었다'는 이유로 방송에서 밀려난 주인공 엘리자베스는, 어느 날 '더 젊고, 아름답고, 완벽한 몸'을 만들어준다는 약의 광고를 접하게 돼요. 약을 사용한 뒤부터 사람들은 다시 엘리자베스에게 환호하지만, 문제는 그때부터 시작돼요. 바로 약효가 꺼지고, 원래의 모습으로 돌아가는 순간이죠.

약물 하나로 삶이 바뀐다면 어떨까요? 처음에는 이 상황이 꿈만 같고, 모든 게 나아진 것처럼 느낄 수 있어요. 하지만 그 변화가 '사랑받기 위한 조건'이 되어 버리면, 약효가 꺼진 순간부터 불안이 시작돼요. 원래의 모습으로 돌아오는 시간은 견디기 힘들어지고, 결국 약 없이는 자신을 유지할 수 없다는 생각이 들죠.

이런 감정이 반복되면, 거울 속 자신의 모습을 실제보다 더 뚱뚱하거나 못나 보인다고 느끼는 '신체 왜곡 현상'이 나타날 수 있어요. 주변 사람들은 "뚱뚱하지 않다.", "지금 모습도 괜찮다."고 말하지만, 본인은 계속 부족하다고 느끼고 끝없이 다이어트를 하게 되는 거예요.

특히 식욕 억제제처럼 쉽고 빠르게 변화를 줄 수 있는 약물은, '노력 없이 바뀌고 싶다', '지금 이 몸을 당장 바꾸고 싶다'는 조급한 마음에 의존하게 만들 수 있어요. 다이어트가 힘들다고 느낄수록, 식사 조절이나 운동보다 '약'이라는 간편한 해답을 선택하고 싶을 수밖에 없으니까요.

진짜 내 모습을 사랑할 순 없을까

지금 판매되고 있는 다이어트 약들은 복용할 때만 효과가 나타나요. 즉, 약을 끊으면 다시 원래 몸으로 돌아간다는 말이에요. 그런데 문제는, 더 나은 버전의 자신을 경험하고 나면 다시 원래의 나로 돌아가는 게 너무 힘들어진다는 거예요. 엘리자베스가 그랬듯, 원래의 나와 더 나은 버전의 나 사이에서 괴리감을 느끼고, 원래 내 모습을 받아들이지 못하게 될 수 있어요.

한번 식욕 억제제의 효과를 경험한 사람은 '살이 빠진 나'를 잊지 못해요. 그 모습으로 돌아가고 싶어서 반복적으로 다이어트를 시도하고, 조금만 살이 쪄도 스트레스를 받고 스스로를 심하게 깎아내려요. "절대 이 모습으로는 누굴 만날 수도, 세상 밖으로 나갈 수도 없어."라고 말하면서요.

은혜

1년 전에 10kg 정도 살 뺀 적이 있거든요. 그때 셀카도 엄청 올렸어요. 필터를 씌우긴 했지만, 친구들 반응도 좋았고, 다른 학교 애들한테 DM도 왔어요.

윤아쌤

와, 그때 진짜 기분 좋았겠다.

말라야 예쁘다면서요?

은혜

근데 다시 살이 찌니까…, 예전 사진에 댓글이라도 달리면 얼른 그 모습으로 돌아가야 할 것 같아요.

윤아쌤

그래서 식욕 억제제 생각이 났구나. 선생님은 은혜가 살이 빠졌던 내 모습만 진짜 나라고 믿는 게 아닐까 걱정돼. 지금의 나는 가치가 없다고 느낄 수도 있잖아. 요즘은 친구들도 잘 안 만나고, 누가 쳐다보는 것 같으면 살 때문인 것 같다며?

은혜

맞아요…. 자꾸 그런 생각이 들어요.

윤아쌤

만약 은혜가 약을 몰래 처방받는다면 선생님도 말릴 수는 없을 거야. 성인이 되면 더욱 그럴 테고. 근데 세상은 늘 '넌 아직도 부족해'라고 말하면서 자꾸 스스로를 깎아내리게 할 거야. 그럴 땐 누구든 흔들릴 수 있어. 하지만 은혜가 너무 멀리 가지 않았으면 좋겠어. 지금 이 모습도 충분히 괜찮다는 걸 잊지 마.

부모님이 제가 창피하대요

지아 이야기

지아

저희 엄마는 어릴 때 외모 콤플렉스가 심했대요. 근데 제가 태어나고 사람들이 "인형 같다, 아역 배우 시켜 봐라." 하고 말하니까 정말 좋아하셨어요. 그래서 여섯 살 때부터 아역 배우 일을 했어요.

윤아쌤

그랬구나. 언제까지 했어?

지아

초등학교 3학년 때까지요. 그땐 진짜 말랐고, 아동복만 입었거든요. 근데 중학교 들어가고 1년에 15kg 넘게 쪘어요.

윤아쌤

몸이 갑자기 변해서 당황했겠다.

지아

엄마가 자꾸 제 몸 보면서 한숨 쉬실 때마다 실감 났어요. 옷을 사러 가면 직원한테 자꾸 "얘가 살이 쪄서요."라고 말씀하시더라고요.

윤아쌤

너무 속상했겠는데?

지아

네, 진짜 창피했어요. 점심도 급하게 먹은 데다 옷까지 꽉 끼니까 속이 더부룩해서, 결국 집에 와서 토했어요….

전송

부모님은 왜 그럴까?

다이어트를 시작하게 된 계기를 물으면 빠지지 않고 등장하는 이유가 있어요. 바로 부모님에게서 들은 외모에 대한 평가, 비난, 혹은 조언이죠.

상담실에서 만나는 많은 청소년이 "엄마가 말랐을 땐 예쁘다고 했어요.", "아빠가 옷이 꽉 낀다며 운동 좀 하라고 했어요." 같은 말을 털어놓곤 해요.

대체 왜 부모님들은 자녀의 몸에 이토록 민감한 걸까요? 다른 이야기처럼 보일 수도 있지만, 이런 현상은 사교육 현장에서도 흔히 나타나요.

2023년 통계청 자료에 따르면, 국내 사교육비는 연 27조 원에 달했고, 매년 최고치를 경신하고 있다고 해요. 사교육을 시작하는 연령도 점점 어려지고 있죠. '7세 고시'라 불리는 초등학생 대상 학원 입시, 영어 유치원, 초등 의대반 등은 이제 학부모라면 한번쯤 고민해 보는 익숙한 선택지가 됐어요.

대치동 학부모를 인터뷰한 영상에서 한 학부모는 이런 말을 했어요.

"어떻게 해야 할지 모르겠는데, 그냥 주변에서 달리니까 달리는 것 같아요."

내 아이만큼은 뒤처지면 안 된다는 부모들의 불안과 하루가 다르게 줄어드는 학령 인구에 위기를 느낀 사교육 시장의 전략이 맞물리며, 지금의 과열된 구조가 만들어진 거죠.

사랑에서 비롯된 불안

그 불안함을 파고드는 것이 바로 다이어트와 뷰티 산업이에요. 성형 전후 사진이 걸린 지하철 광고에서부터 스마트폰에 뜨는 다이어트 보조제 광고, 피부과 시술을 홍보하는 버스 광고까지. 기업들은 '지금의 너는 부족하다, 노력하면 더 나은 네가 될 수 있다'는 메시지를 끊임없이 던졌고, 결국 성형 수술, 식욕 억제제, 각종 시술을 대중화시키는 데 성공해요.

말라야 예쁘다면서요?

이런 메시지에 설득된 부모들은 아이가 괴로워하는 걸 알면서도 초등학생인 자녀에게 하루 5시간씩 공부를 시키고, 외모를 가꾸라며 다이어트 한약을 권해요.

부모님들은 대체 왜 이러는 걸까요? 사실 대부분의 부모님은 어떻게 살아야 행복한지에 대한 확신이 없어요. 그래서 '학벌, 외모, 돈'이라는 사회가 요구하는 기준으로 자녀를 몰아붙인 거죠.

우리나라가 경제적으로 안정되기 전까지는 먹고사는 문제가 정말 중요했어요. 위 세대가 반복해서 강조했던 덕목은 '열심히 공부하고, 노력해서 안정적인 직업을 가져야 한다'는 것이었고, 이 믿음은 지금의 청소년들에게도 고스란히 전해지고 있어요. 그러다 보니 인간관계에서 오는 신뢰, 이웃 간의 정, 공동체와의 협력 같은 눈에 보이지 않는 소중한 가치들은 자연스레 밀려났어요.

어른들의 기준에 모든 걸 맞춰 살아가야 하는 청소년들이 도달한 결론은 참으로 속상해요.

"우리 부모님마저 나를 예쁘다고 하지 않고 창피해하는데, 내 몸은 너무 별로야. 나는 사랑받을 수 없는 사람인가 봐."

진짜 내 기준은 내가 정하는 것

아직 성인이 되지 않은 청소년에게 부모님은 절대적인 존재예요. 부모님의 생각이 곧 세상의 기준처럼 느껴지기도 하죠.

부모가 자녀에게 특정한 모습을 요구할 때, 그 마음 안에는 분명 사랑이 있을 거예요. 하지만 부모님의 가치관을 꼭 따라야 할 필요는 없어요. 그 가치관이 반드시 정답은 아니니까요.

나에게 맞는 몸, 나에게 맞는 진로, 내가 지향하는 가치관은 결국 나 스스로 찾아가야 할 몫이에요.

지아

> 토하고 나서 거울을 봤는데, 여러 감정이 한꺼번에 밀려왔어요. 얼굴은 눈물, 콧물, 침으로 범벅이 돼 있고, 실핏줄까지 터졌더라고요. 내가 왜 이렇게까지 해야 하나, 제 자신이 너무 불쌍했어요.

윤아쌤

> 마음이 너무 아프다. 지아가 예전에 말했잖아. 부모님이 계속 몸 얘기만 하지 않았더라면, 말랐을 때보다 지금 모습이 더 마음에 든다고.

지아

> 네, 진짜요. 그런데 엄마가 계속 옆에서 "말라야 예쁘다, 살 빼야 한다."라는 말을 하니까…. 점점 제 기준은 사라지고, 엄마 기준에 몸을 맞춰야 할 것 같은 조급함이 생겨요.

말라야 예쁘다면서요?

윤아쌤

그럴 수밖에 없지. 나도 성인이 되고서도 부모님 영향에서 완전히 벗어나긴 어려웠거든. 하물며 지아는 아직 성장기잖아. 하지만 지아야, 부모님이 가진 '몸에 대한 생각'은 수많은 생각 중 하나일 뿐이야. 지아는 지아만의 기준을 세울 수 있어.

지아

맞아요. 요즘 축구를 시작했거든요. 뛰다 보니까 체력이 정말 중요하더라고요. 그래서 살이 좀 붙은 게 오히려 좋았어요. 근육도 더 잘 생기고요.

윤아쌤

그렇지! 지아가 그렇게 느꼈다면, 그게 지아한테 진짜 중요한 기준인 거야.

지아

엄마가 제 몸을 이상하다고 하니까 저도 그렇게 생각했는데, 엄마 말이 전부는 아닐 수도 있겠다는 생각이 들어요. 저를 있는 그대로 봐 주는 사람들이 있다는 것도 알게 됐고요.

4장

회복하고 싶지만 ——

살찌는 건 두려워요

섭식장애인 것 같은데, 어떻게 해야 하나요?

다혜 이야기

다혜

사실 쌤한테 상담받으러 오기까지 3년쯤 걸렸어요. 먹토 하는 내 모습이 나조차 역겹고 괴물 같은데, 다른 사람들 눈에는 어떻겠어요.

윤아쌤

그랬구나. 자괴감이 엄청 컸나 보다.

다혜

네, 그래서 섭식장애 커뮤니티를 많이 뒤지고 다녔어요. 그래도 거기서는 저를 이상하게 보진 않더라고요.

윤아쌤

그래서 이해받는 느낌이 들었어?

다혜

반반이요. 위로는 되는데, 서로 하소연만 하는 느낌이고, 거기서 공유하는 치료 방법들도 저한테 맞는지 잘 모르겠더라고요. 치료받으면 살찐다는 말도 무서웠고요.

전송

우리가 몰랐던 섭식장애

섭식장애는 이미지로 각인되기 쉬운 병이기에, 언론에서도 섭식장애를 다룰 때 자극적인 장면들만 반복적으로 보여 주곤 해요.

마르다 못해 척추뼈가 도드라진 앙상한 몸, 변기를 붙잡고 억지로 먹은 것을 토해 내고, 냉장고를 열어 눈에 보이는 음식을 마구 입에 밀어 넣는 모습.

이런 이미지가 너무 강하다 보니, 많은 경우 자신이 섭식장애를 앓는 걸 알아차리더라도 쉽게 털어놓지 못해요. 특히 스스로를 부정적으로 생각하는 친구들이 섭식장애를 겪을 확률이 높다는 걸 떠올려 보면, 섭식장애를 앓고 있다고 고백하기란 더더욱 어려운 일일 거라 짐작해 볼 수 있어요.

섭식장애를 겪는다고 말해도 될까?

아직도 많은 사람이 섭식장애를 극복하는 건 의지력의 문제라고 말해요. 우리 사회는 다이어트에 실패한 사람은 게으르고 의지가 부족한 사람이라고 쉽게 낙인을 찍거든요. 이런 사회 분위기 속에서 "나는 먹는 걸 조절하기 어려워서 토하지 않으면 불안해."라고 말하는 건, '내 몸 하나 다스리지 못하는 사람'이라는 꼬리표를 붙이는 것처럼 느껴질 수 있어요. 그래서 섭식장애 당사자들은 아무도 나를 이해할 수 없을 거라 생각하고 스스로를 가두거나, 어렵게 용기 내어 말했다가도 차가운 시선에 다시 상처받아요.

하지만 여러분이 겪는 증상을 완벽히 이해하지 못하더라도, 마음을 열고 들어 줄 사람은 분명히 있어요. 가까운 친구에게 고민을 털어놓아도 괜찮고, 부모님이나 선생님 같은 어른들에게 이야기해 볼 수도 있어요.

중요한 건, 여러분이 먼저 자신의 아픔을 공유하고, 도움을 요청해야 한다는 거예요.

말라야 예쁘다면서요?

치료받을 용기

섭식장애를 앓는 기간이 길어질수록, 믿을 수 있는 사람이나 전문가에게 도움을 요청해야 하는 이유가 있어요. 이미 여러분은 자기 자신을 바라보는 눈이 너무 가혹하고, 실제보다 왜곡되었을 가능성이 커요. 실제로 그렇지 않지만, 스스로 '밖에 나다니기 창피할 정도로 뚱뚱하다'고 생각할 수 있어요. 그렇기에 내 모습을 객관적으로 비춰 줄 사람이 꼭 필요해요.

가족이 그 역할을 맡아 준다면 좋겠지만, 부모님도 일과 가정을 책임지느라 지치거나, 감정적으로 너무 가까워 객관적인 도움을 주기 어려울 수 있어요.

그럴 땐 학교에서는 위클래스 선생님을, 학교 밖에서는 저와 같은 상담 선생님을 찾아가면 돼요. 상담 치료에서 가장 중요한 건 상담 선생님과 믿을 수 있는 안정적인 관계를 형성하는 것이기 때문에 꾸준히 상담을 받는 게 좋아요. 혹은 집단 상담을 통해 자신과 비슷한 고민을 가진 사람들과 이야기를 나누는 것도 좋은 방법이에요.

마지막으로 꼭 전하고 싶은 말이 있어요. 어떤 경우에도 일상을 포기하지 마세요. 또래 친구들은 목표를 이루기 위해 열심히 도전하고, 실패하고, 관계를 맺으며 다양한 경험을 쌓아 가고 있어요.

'살 빼야 하니까 연애는 안 돼', '폭식해서 얼굴이 부었으니 약속은 취소해야지' 같은 생각을 하느라 지금의 삶을 미뤄 둔다면, 결국 내 곁에는 아무도 없고, 아무 것도 남지 않게 될지도 몰라요.

윤아쌤

섭식장애 상담을 할 때 내가 가장 속상했던 건, 아이들이 먹는 문제 때문에 그 시절 경험해야 할 많은 것들을 놓친다는 거야.

다혜

무슨 말인지 알 것 같아요. SNS 보니까 친구들은 방학이라고 남자애들이랑 놀이공원에 갔더라고요. 근데 저는 방학 내내 다이어트하느라고 밖에도 잘 안 나갔어요.

윤아쌤

그 시간들을 놓치고 나면, 이런 생각이 들 거야. "나는 다이어트하느라 아무것도 못 하고 있는데, 내 학창 시절은 뭐가 남게 될까?" 몸 하나 붙들고 하루 종일 싸웠던 기억만 남는 건 너무 안타깝잖아.

다혜

맞아요. 아침에 일어나면 물도 안 마시고 체중계에 먼저 올라가고, 어제보다 0.3kg만 늘어도 하루 종일 기분이 바닥이었어요. 친구랑 약속 잡아 놓고 취소해 버린 적도 여러 번이에요. 그런 날이 반복되니까, 그냥 사람 만나는 게 무서워졌어요.

말라야 예쁘다면서요?

윤아쌤

맞아. 친구와 어울려 다니면서 맛있는 것도 먹고, 연애 감정도 느껴 보고, 다양한 실패도 겪으면서 성장해야 하는데, 섭식장애는 그걸 통째로 빼앗어 가지.

다혜

섭식장애를 겪어도 일상을 포기하지 말라고 하셨잖아요. 무슨 말인지 알겠어요.

윤아쌤

맞아. 살이 쪘다는 이유로 다양한 기회를 포기하는 순간 섭식장애에서 벗어나기 더 어려워질 거야. 나는 다혜가 지금의 모습으로 일단 살아 나갔으면 좋겠어.

다혜

살 뺀다고 맨날 집에 틀어박혀 있었는데, 이제는 밖에 나가서 사람들도 만나 볼래요. 쌤 말처럼 몸 때문에 소중한 경험들을 놓치는 건 싫거든요.

규칙적으로 먹으면 살찔 것 같아요

혜진 이야기

혜진

저는 폭식증 때문에 치료를 받고 있는데요. 매끼 규칙적으로 먹는 훈련을 시키더라고요. 전 저체중이 아니라서 살을 찌울 필요도 없는데 말이에요.

윤아쌤

맞아, 혜진이처럼 정상 체중인데 밥을 거르지 말라고 하면 대부분 싫어해.

혜진

그러니까요. 쌀밥 먹는 것도 무섭고, 세 끼를 다 먹는 건 더 무서워요. 살찔 것 같아요.

윤아쌤

당연히 그럴 수 있지. 하지만 걱정 안 해도 돼. 규칙적인 식사를 하면 처음에는 체중이 늘다가 일정 시간이 지나면 안정 범위를 찾거든. 오히려 식사 패턴이 불규칙하면 살이 더 안 빠지는 체질로 바뀌어.

혜진

머리로는 알겠는데, 쉽지 않은 것 같아요. 식사 시간이 오는 게 무섭기도 하고요.

전송

치료를 꼭 해야 할까요?

섭식장애 상담은 보통의 심리 상담과 달리 '먹는 것' 자체가 치료의 핵심이에요. 식사 치료가 선행되지 않으면 심리적인 문제를 다루지 못할 수도 있거든요.

먹는 것은 인간을 기능하게 하는 가장 기본적인 요소예요. 그렇기에 섭식장애 치료는 생존이 걸린 문제라 할 수 있어요. 신체가 정상적으로 작동하려면 필수적으로 섭취해야 하는 영양분이 있는데, 이를 제한하면 항상성이 무너지면서 장기의 기능이 마비되고, 근육과 뼈가 약해져요. 면역 체계가 망가지면 각종 질병에 걸릴 위험이 커지고, 신경계까지 영향을 주어 자살 사고로 이어질 수도 있어요. 섭식장애가 정신과 질환 중 가장 높은 사망률을 보이는 이유죠.

반대로 생각하면, 규칙적으로 잘 먹기만 해도 많은 것들이 좋아진다는 뜻이기도 해요. 배가 적당히 부르면 똑같은 자극에도 덜 예민하게 반응해서 주변 사람들과의 마찰이 줄어들어요. 음식 생각도 줄어서 다른 일에 집중할 수 있는 힘도 생겨요.

내가 배고프고 힘든데, 나와 주변 사람을 돌보는 건 당연히 어려울 수밖에 없죠. 이처럼 인간의 생리적인 욕구를 충족하는 일은 생각보다 훨씬 중요하답니다.

왜 먹는 게 어려울까?

섭식장애 환자의 적절한 식사 치료 방법에 대해서는 전문가마다 의견이 분분해요. 정해진 시간에 정해진 양을 무조건 먹어야 한다는 의견도 있고, 몸의 신호에 맞춰 음식을 먹어야 한다는 의견도 있죠. 어떤 방법이든, 사람이 정상적으로 기능할 수 있도록 적절한 영양분을 공급해야 한다는 점은 모두가 동의해요.

우리 몸은 뇌의 시상하부라는 기관에서 배고픔과 포만감을 감지하고 식욕을 조절해요. 이 시스템은 자동으로 작동되기 때문에 일상에서는 인지하지 못해요. 하지만 몸에 맞지 않는 식습관을 반복하다 보면 호르몬에 교란이 발생해, 음식을 먹어도 배가 부르지 않다고 느끼거나, 배고프지 않아도 음식을 찾게 될 수 있어요.

이제부터는 이렇게 흐트러진 몸의 신호를 회복하고, 균형 잡힌 식습관을 만드는 '정상식Normal Eating'에 대해 함께 알아봐요.

식사 다시 배우기

정상식은 세 끼 식사와 두세 번의 간식을 포함해, 하루에 여러 번 규칙적으로 먹는 식사 패턴을 말해요. 물론 사람마다 기상 시간과 취침 시간이 다르기 때문에, 정확한 식사 시간과 간식 횟수는 치료자와 함께 조율해야 해요. 정상식을 위해서는 몇 가지 선행되어야 하는 규칙이 있어요.

첫째, 되도록이면 공복 시간을 3~4시간 이상 넘기지 않는 게 좋아요.
예전처럼 하루 종일 굶다가 한꺼번에 폭식하는 식습관이 반복되면, 뇌는 점점 더 음식을 간절히 원하게 돼요. 평소에도 음식에 대한 생각이 넘쳐나는데, 위장이 비어 있다면 충동을 이겨 내기는 훨씬 어려울 거예요.

보통 사람이라면 3시간 정도의 공복은 거뜬히 견딜 수 있어요. 하지만 섭식장애를 경험한 뇌는 잠깐의 공복도 봐주지 않아요.

폭식 욕구가 생기면 길거리에서 빵을 미친 듯이 흡입하거나, 가족이 먹으려고 차려 둔 식사를 한꺼번에 먹는 등, 때와 상황에 맞지 않게 음식을 먹어 치우게 될 수 있어요.

둘째, 식사는 '식사답게' 해야 해요.
섭식장애를 앓는 기간이 오래될수록 음식을 얼마나, 어떻게 먹어야 하는지에 대한 감각이 흐려져요. 너무 적게 먹고도 충분하다고 착각하거나, 반대로 많이 먹어도 여전히 만족을 느끼지 못할 수도 있죠.

이럴 때는 기준이 되는 식사량을 정해 두는 것이 좋아요. 예를 들어, 밥 반 공기~한 공기 정도에 반찬 두세 가지, 국 한 그릇이 일반적인 한 끼로 적당해요.

활동량에 따라 다르겠지만, 여자 청소년은 하루 약 2,000kcal, 남자 청소년은 약 2,500kcal가 권장량이므로, 한 끼에 최소 500~600kcal 정도는 먹어야 해요.

셋째, 식욕 신호가 돌아오기 전이라도 계획대로 식사해야 해요.
치료 과정에서 흔히 마주치는 유혹 중 하나는 '배가 고프지 않으니 한 끼쯤 건너뛰어도 괜찮겠지' 하는 생각이에요. 그래서 중요한 약속을 앞두고 하루 종일 굶을 계획을 세우기도 하죠.

이런 생각을 하면 식욕도 잠잠해지는 듯하고, 식욕을 통제할 수 있을 것 같은 자신감이 생겨요. 그러나 회복 중인 몸은 아직 정확한 신호를 보낼 수 없는 상태랍니다. 몸이 제 기능을 되찾기 전까지는, 신호를 기다리기보다 정해진 시간에 정해진 양을 먹는 '기계적인 식사'가 필요해요.

포기하지 않기

무엇보다 중요한 건 실패해도 다시 시작하는 거예요. 금연 치료를 포함한 모든 중독 치료에서도 같은 원칙을 강조해요. 폭식을 했더라도, 며칠 굶었더라도, 포기하지 않고 규칙적인 식사를 다시 시도해야 해요.

하지만 때로는 우울이나 불안, 감정 기복 때문에 식사 습관을 유지하는 게 어렵게 느껴질 수도 있어요. 이럴 때는 적극적인 약물 치료가 필요해요. 섭식장애 환자 중에는 행복 호르몬으로 알려진 '세로토닌'이 부족한 경우가 많아요. 세로토닌이 부족하면 감정이 불안정해지고, 충동이나 강박적인 사고가 늘어나요. 그래서 치료 초기에는 세로토닌 농도를 높이는 항우울제, 특히 'SSRI선택적 세로토닌 재흡수 억제제'를 사용하기도 해요.

전문적인 상담을 받는 것도 좋은 방법이에요. 혼자서 치료를 이어가다 보면 불안이나 죄책감에 빠지기 쉽고, 식사 규칙을 마음대로 바꾸고 싶은 충동이 생길 수 있어요. 물론 가족의 도움을 받아도 되지만, 지나친 간섭과 잔소리로 이어지면 오히려 갈등이 생기기도 해요. 따라서 나를 잘 이해해 주는 전문가와 함께, 내 속도에 맞춰 꾸준히 치료를 이어 가는 것을 추천해요.

혜진

사실 다른 말보다, 정상식을 해도 살이 안 찐다는 얘기에 마음이 놓였어요. 오히려 폭식이 심했던 사람은 살이 빠지기도 한다니까요.

윤아쌤

그 말이 제일 와닿았구나?

혜진

네. 근데 다이어트할 땐 군것질을 아예 안 했는데, 간식도 괜찮다고 하니까 좀 걱정돼요. 전엔 과자를 먹기 시작하면 멈출 수가 없었거든요. 이번에도 그러면 어떡하죠?

윤아쌤

음, 결과는 오히려 정반대였어. '절대 먹으면 안 돼!'라고 생각하면 지금 당장, 많이 먹고 싶어지는데, 이따 또 먹을 수 있다고 생각하면 갈망이 훨씬 줄어들더라고.

말라야 예쁘다면서요?

혜진

오, 신기하네요. 일단 쌤 말 믿어 볼게요.
쌤이 옆에 있다고 생각하니까 든든해요.

윤아쌤

치료 과정을 함께 나눌 사람이 있다는 게
얼마나 큰 힘이 되는지 몰라. 실패해도 괜찮다고
말해 주는 사람은 꼭 필요하거든.

혜진

맞아요. 혼자서는 힘들 것 같아요.

윤아쌤

혜진이가 고개를 조금만 돌리면 알 수 있을
거야. 널 도와줄 사람이 정말 많다는 걸.
부모님, 학교 선생님, 나처럼 상담하는 선생님,
너와 비슷한 고민을 겪은 친구들…. 모두
혜진이를 응원하고 있다는 걸 잊지 마.

엄마랑 맨날 밥 먹는 걸로 싸워요

다빈 이야기

다빈

쌤, 엄마 때문에 너무 힘들어요. 걱정하는 건 알겠어요. 거식증 심할 땐 저도 극단적이었으니까요.

윤아쌤

맞아, 저체중이 심해서 휴학도 했잖아. 지금은 정말 많이 좋아졌지.

다빈

그러니까요. 지금은 많이 나아졌는데, 엄마는 제가 화장실만 가도 토하냐고 의심하고, 조금만 덜 먹어도 막 소리 질러요. 체해서 못 먹는 건데도요.

윤아쌤

매번 그러면 식사할 때마다 마음이 불편하겠다.

다빈

그러니까요. 요즘엔 뭘 하든 더 간섭받는 느낌이라 아무것도 하기 싫어져요.

윤아쌤

그럴 수 있겠다. 엄마도 불안해서 그러시는 것 같아. 내가 잘 말씀드려 볼게. 너무 걱정 마.

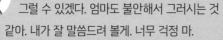

전송

그저 다이어트인 줄 알았어요

섭식장애 청소년 자녀를 둔 부모님이 이 책을 읽고 계시다면, 무엇보다 깊은 응원과 위로를 전하고 싶어요. 섭식장애는 당사자뿐 아니라 주변 사람 모두를 지치게 만드는 병이니까요.

처음에는 또래 아이들처럼 그저 다이어트를 시작한 줄 알았을 거예요. 하지만 갑자기 체중이 눈에 띄게 줄고, 먹는 것에 너무 집착하거나 불안해한다면, 그건 다이어트가 아니라 섭식장애로 접어들었다는 신호일 수 있어요.

그때부터 아이는 내가 알던 아이가 맞나 싶을 정도로 극단적이고 충동적인 행동을 보일 거예요. 밥 한 숟갈 더 먹으라고 했을 뿐인데

수저를 집어 던지며 방으로 들어가고, 시도 때도 없이 체중계에 오르기도 하죠. 체중계를 버리려면 몸싸움을 각오해야 할지도 몰라요.

식사는 매일매일, 하루에도 몇 번씩 반복되는 일이기 때문에 식사 때마다 조마조마할 수밖에 없어요. 매 순간 아이가 갑자기 화를 내거나 울적해하진 않을까 긴장하죠. 상담 센터에 방문한 한 부모님은 '매일 시한폭탄을 안고 사는 기분'이라고 털어놓기도 했어요.

청소년 섭식장애 치료가 어려운 이유

청소년의 섭식장애는 성인의 경우와 많이 달라요. 성인은 자발적으로 상담과 치료를 받으러 가지만, 청소년은 그렇지 않거든요. 이 차이는 병의 예후에 큰 영향을 미쳐요.

성인은 다이어트를 위해 이것저것 시도하다가 일상에 지장이 생기면 치료를 받으러 가요. 먹는 게 두렵고 불안하긴 해도, 섭식장애에서 벗어나려면 다이어트를 포기하고 식사를 해야 한다는 걸 인정하고 받아들이죠.

하지만 청소년은 그렇지 않아요. 아직 다이어트를 포기할 생각이 없거든요. 물론 폭식 때문에 괴롭고, 부모님과 싸우기도 하겠죠. 하지만 또래 친구들 사이에서 외모는 너무 중요해요. 당장 학교에 가면 반 친구들이 외모 순위를 매기고, 뚱뚱한 친구들을 아무렇지 않게 놀리는 상황이 펼쳐져요.

"그렇게 굶다간 관절 다 망가져. 나중엔 회복도 안 돼."라는 조언은 귀에 들어오지 않아요. 나중은 너무 멀게 느껴지니까요.

완벽한 해결은 없다

이런 이유로 청소년의 섭식장애는 치료가 쉽지 않아요. 며칠은 잘 먹는 것 같아도 케이크 한 조각에 벌벌 떨고, 상담을 받은 날에는 마음을 다잡다가도 다음 날에는 토하고 싶은 욕구를 이기지 못해요.

물론 부모님 입장에서는 '저러다 또 강박이 심해지는 건 아닐까?', '뼈만 남았던 예전으로 돌아가면 어쩌지?' 하는 걱정이 들 수 있어요. 하지만 아이가 학교에 다니고, 친구들과 어울리며 일상생활을 이어 나가고 있다면 일단은 믿고 내버려두라고 말씀드리고 싶어요.

어쩌면 '완벽한 해결'이란 허상에 불과할지 몰라요. 성인들 역시 상담을 통해 회복된 것 같다가도, 스트레스를 받는 상황이 오면 다시 증상이 나타나기도 하거든요. 이럴 때 저는 "증상에 잠식되지 말고, 삶을 계속 살아 보라."고 말해요. 새벽까지 토하느라 지치고 힘들어도 회사를 그만두지 않는 것, 얼굴이 붓고 몸이 무거워도 지인들과의 약속을 취소하지 않는 것. 이렇게 삶을 멈추지 않고 이어 나가는 연습이 결국 회복의 힘이 돼요.

청소년도 마찬가지예요. 증상보다 중요한 건 친구와의 관계, 학원을 빠지지 않는 책임감, 부모님과 나누는 일상적인 대화예요. 이런 평범한 일상들이야말로 아이의 회복을 돕고, 이후 다시 어려움이 닥쳤을 때 스스로를 지탱해 줄 소중한 자원이 될 거예요.

낭떠러지 끝에 선 아이

물론 아이가 일상생활이 어려울 정도로 증상이 심각하다면, 저는 수단과 방법을 가리지 말고 개입하라고 말씀드리고 싶어요.

부모님이 아이의 상태를 잘 이해하지 못할 때, 저는 이런 비유를 들곤 해요. 만약 여러분이 하루 종일 아무것도 먹지 않았다고 상상해 보세요. 머릿속에는 먹고 싶은 음식 생각만 떠다니고, 사소한 일에도 짜증이 나고, 감정도 쉽게 요동칠 거예요.

그런데 이 상태가 하루이틀이 아니라 며칠, 몇 주씩 계속된다면 어떨까요? 극심한 공복과 불안이 반복되면 사람은 음식에 대한 통제를 완전히 잃어요. 음식을 먹지 않더라도 먹을 것을 쟁여 두거나 몰래 숨기고, 심한 경우에는 음식을 사기 위해 돈을 훔치는 행동도 불사하죠.

지금 아이는 그만큼 절박한 상태예요. 이때는 이미 충동만 남고, 자신의 몸이 어떻게 망가지고 있는지 생각할 여유조차 없어요. 거칠게 들릴 수 있지만, 증상이 그 정도로 심각하다면 아이는 사실상 제정신이라고 보기 어려워요.

말라야 예쁘다면서요?

만약 아이가 밥을 먹지 않고 미친 듯이 살을 빼고 있다면, 브레이크를 걸 수 없는 상태일 수 있어요. 먹으면 살찔까 봐 두려워하고, 조금이라도 덜 먹어야 안심이 되며, 가능한 한 살을 더 많이, 더 빠르게 빼고 싶어 하죠. 그게 자신의 장기와 뼈를 깎아 먹는 일일지라도 말이에요.

이럴 때는 부모님이 나서야 합니다. 빌고, 애원하고, 싸우고, 입원을 시켜서라도 먹게 만들어야 하는 순간이에요. 왜냐하면 아이는 지금 자신이 낭떠러지 끝에 서 있다는 사실조차 모르고 있기 때문이죠.

다빈 어머니

선생님, 다빈이가 예전에 너무 말라서 계단만 올라도 숨이 차고, 체육 시간엔 뛰지도 못하고 앉아만 있던 모습이 아직도 눈에 선해요. 결국 휴학까지 했잖아요. 지금도 밥 먹을 때 조금이라도 깨작거리면 속이 터질 것 같아요.

윤아쌤

그럴 수밖에요. 정말 죽다 살아났으니, 그런 마음이 들 거예요.

다빈 어머니

아이를 학교에 다시 보내는 게 맞나 싶고···.
마른 친구들 보면 살이 빼고 싶어질 수도 있고,
다빈이 사정을 잘 모르는 친구가 "왜 이렇게
살쪘어?"라고 물을까 봐 걱정돼요.

윤아쌤

그럴 수 있죠. 하지만 다빈이가 스스로 학교에
가고 싶다고 했잖아요. 그렇게 힘든데도 살을
찌우려 했던 건, 정말 간절했기 때문일 거예요.

다빈 어머니

맞아요. 그런데 또 어떤 날은 학교 가기 싫다고
해요. 집에서 쉴 때가 더 편했다고 하고···. 친구들
보면 불안하고, 공부도 부담스러운가 봐요.

윤아쌤

그럴 거예요. 복학 자체가 큰 도전이니까요.
하지만 지금은 다빈이의 선택을 믿어 보자고요.
선택에는 필연적으로 고통이 따를 수밖에
없잖아요. 그게 어떤 것이든 말이죠.

말라야 예쁘다면서요?

다빈 어머니

제가 다빈이를 믿어야겠죠.

윤아쌤

학교에 간다면 예상치 못한 일들이 벌어질 수밖에 없을 거예요. 하지만 다빈이가 직접 부딪치며 자신만의 방식을 만들어 나가야 해요. 이건 어머님이 대신해 줄 수 없으니까요.

다빈 어머니

그쵸…. 결국 아이가 자기 방식으로 겪고 이겨 내야겠죠. 제가 그걸 지켜보는 게 더 힘든 걸지도 모르겠어요.

윤아쌤

맞아요. 섭식장애는 지켜보는 사람도 소진되는 병이죠. 가족에게도 트라우마가 남을 수 있어요. 그러니 어머님도 너무 혼자 감당하려 하지 말고, 언제든 편하게 도움을 요청해 주세요. 꼭이요!

섭식장애 자가 진단 테스트

'한국형 식사 태도 검사'는 1979년에 데이비드 가너와 폴 가핀켈 등이 개발한 섭식 태도 검사를 우리나라 실정에 맞게 번역하고 표준화한 검사예요. 이 검사는 특히 섭식장애 중에서도 거식증적 증상, 다이어트, 날씬함에 대한 집착을 알아보는 데 적합해요.

26개의 문항을 주의 깊게 읽어 보고, '가끔 그렇거나 전혀 그렇지 않다'는 0점, '자주 그렇다'는 1점, '거의 그렇다'는 2점, '항상 그렇다'는 3점으로 점수를 매겨 주세요.

	질문 내용	가끔 그렇거나 전혀 그렇지 않다 (0)	자주 그렇다 (1)	거의 그렇다 (2)	항상 그렇다 (3)
1	살찌는 것이 두렵다.				
2	배가 고파도 식사를 하지 않는다.				
3	나는 음식에 집착하고 있다.				
4	억제할 수 없이 폭식을 한 적이 있다.				
5	음식을 작은 조각으로 나누어 먹는다.				
6	음식의 영양분과 열량을 알고 먹는다.				
7	빵, 감자 등 탄수화물이 많은 음식은 특히 피한다.				
8	내가 음식을 많이 먹는 걸 다른 사람들이 좋아하는 것 같다.				
9	먹고 난 다음에 토한다.				
10	먹고 난 다음 심한 죄책감을 느낀다.				

11	좀 더 날씬해져야겠다는 생각을 떨쳐 버릴 수 없다.				
12	운동을 할 때 운동으로 없어질 열량을 계산하거나 생각한다.				
13	남들은 내가 너무 말랐다고 생각한다.				
14	내가 너무 살쪘다는 생각을 떨쳐 버릴 수 없다.				
15	식사 시간이 다른 사람보다 길다.				
16	설탕이 든 음식은 피한다.				
17	체중 조절을 위해 다이어트용 음식을 먹는다.				
18	음식이 나의 인생을 지배한다는 생각이 든다.				
19	음식에 대한 조절 능력을 과시한다.(일부러 자랑함)				
20	사람들이 나에게 음식을 먹도록 강요하는 것처럼 느껴진다.				
21	음식을 먹는 데 많은 시간과 힘을 들인다.				
22	단 음식을 먹고 나면 마음이 편치 않다.				
23	체중을 줄이기 위해 운동이나 다른 것들을 한다.				
24	위가 비어 있다는 느낌이 든다.				
25	기름진 음식을 먹는 것을 즐긴다.				
26	식사 후 토하고 싶은 충동을 느낀다.				

모든 질문에 답했다면 문항별로 빠짐없이 점수를 매긴 뒤 합산합니다. 여성은 18점 이상, 남성은 15점 이상이면 '이상 식사 Disordered Eating'의 경향이 있다고 진단해요. 여성이 22점 이상, 남성이 19점 이상의 점수가 나왔다면 섭식장애일 가능성이 있다고 보고, 전문적인 치료를 권해요.

섭식장애가 있어도,
삶은 계속되어야 하니까

5년 전, 먹는 행위 안에 담긴 마음들을 풀어낸 책『또, 먹어버렸습니다』를 쓸 때와 이번 책『말라야 예쁘다면서요?』쓸 때는 마음가짐이 달랐어요. 『또, 먹어버렸습니다』를 쓸 당시에는 섭식장애를 일반 대중에게 알리고 싶은 마음이 컸다면, 이번 책에서는 힘든 시간을 지나고 있을 아이들에게 '너무 놀라지 않아도 된다'는 메시지를 전하고 싶었어요. 책을 쓰는 내내 상담을 받던 청소년 친구들의 모습이 떠올랐기 때문이에요.

주체할 수 없는 식욕과 다이어트 사이에서 매일 전쟁을 치르느라 몸도 마음도 지쳐, 텅 빈 표정으로 상담실에 들어오던 모습. 처음 본 상담 선생님이 음식을 먹으라고 할까 봐 긴장해 날이 선 표정.

겉으로는 가시를 세우고 있지만, 그 속에서 통제되지 않는 자신을 누군가 붙잡아 주길 바라는 간절한 마음이 느껴졌어요.

자신이 무슨 일을 겪고 있는지, 본인이 스스로를 얼마나 옭아매고 있는지 가늠하지 못해 혼란스러워하는 아이들을 보며, 다른 말보다 "안심해도 괜찮아."라는 말을 가장 먼저 건네고 싶었어요. 그리고 내가 알던 아이가 맞나 싶을 정도로 달라진 말과 행동에 당황하고 막막해하는 부모님과 주변 어른들에게도 그 마음이 전해지길 바랐죠.

청소년기는 급격한 신체 변화와 커지는 자의식 때문에 외모와 체형에 예민해질 수밖에 없는 시기예요. 그래서 '혹시 내가 섭식장애인가?' 하는 의심이 생겨도, 당장 다이어트를 그만두기는 현실적으로 어려워요. 이 책에 정답 같은 해결책보다, '지금은 조금 헤매도 괜찮다'는 메시지를 담고자 한 건 그 때문이에요.

그럼에도 몇 가지 꼭 당부하고 싶은 것이 있어요.

첫째, 섭식장애 치료를 고민하고 있다면 용기 내서 말해 주세요. 저는 매주 토요일마다 섭식장애 집단 상담 'ET Eating Together'을 진행하고 있어요. 상담에 참여한 한 친구가 저에게 이런 말을 한 적 있어요.

"선생님, 섭식장애 환자라고 하면 뭔가 다를 거라 생각했는데, 실제로 보니 제 주변 어디에나 있을 법한 평범한 사람들 같아요."

우리가 알아채지 못했을 뿐, 섭식장애를 겪는 사람들은 생각보다 가까이 있어요. 그러니 '내가 너무 유별난 걸까', '왜 나만 이런 일을 겪는 걸까' 하는 걱정은 하지 않았으면 해요. 스스로 얼마나 섭식장애 환자다운지 검열하느라 치료 시기를 놓치지 않는 것도 중요해요.

먹는 행동에 문제가 있다고 느낀다면, 지체 없이 전문가의 도움을 받아 보는 걸 권하고 싶어요.

둘째, 다이어트를 포기할 수 없더라도 일상은 포기하지 마세요. 지금 당장은 살을 빼는 일이 가장 절실하게 느껴질지도 몰라요. 하지만 그 때문에 사람들과의 관계나 그 시기에만 할 수 있는 경험들을 놓친다면, 시간이 지난 뒤엔 그 빈자리를 채우기 쉽지 않을 거예요.

"살 5kg만 더 빼면 옷 사 입어야지.", "내년에는 꼭 살 빼서 여행 가야지." 같은 다짐들로 삶을 자꾸 뒤로 미루기보다는, 지금 이 순간을 살아가길 바라요. 삶은 몸이 바뀐 '그때'가 아니라, '지금 이 자리'에서도 계속되고 있으니까요.

참고
문헌

도서

『몸에 갇힌 사람들』수지 오바크 지음, 김명남 옮김, 창비, 2011

논문

『강화에 대한 통제 기대: 내적 통제성과 외적 통제성』로터, '심리학 모노그래프: 일반 및 응용편', 제80권 1호, 1 – 28쪽, 1966

『신경성 식욕부진증: 친구인가, 적인가?』서펠 외, 국제 섭식장애 저널, 25권 2호, 177 – 186쪽, 1999